海外で結果を出す人は、「異文化」を言い訳にしない

グロー[illegible]
高橋[illegible]

Leadership Skills and
Best Practice Solutions
for Global Careers

英治出版

はじめに

「海外で結果を出す人と、出せない人との圧倒的な違いは何か？」

いきなりの質問だが、本書は、この問いに答えるために書かれたものだ。

私は大学を卒業すると、商社マンとして14年を過ごした。そのあいだ、イランとベルギーに8年ほど駐在したこともある。仕事を通して、海外ビジネスに関わる多くのビジネスパーソンと出会った。その後、グロービスでの研修や大学院で海外ビジネスについて講師をするようになり、延べ2万人の受講者と関わってきた。そのなかで、ある問いが、つねに私を捉えて離さなかった。それは、

「海外でも、国内と変わることなく活躍できる人材と、活躍できない人材の違いは、どこにあるのか？」

という問いだった。商社マンのときには、さまざまな上司、先輩、仲間といっしょに仕事をしてきた。そのなかで、ビジネスに細心の注意をはらい、現地のこともよく研究していたのに、思うように結果を出せない人がいた。その一方で、海外に出ても、国内と変わることなく、生き生きと仕事に向き合い、着実に成果をあげる人もいた。

もちろん、さまざまな地域や国、業界、業態があるなかで、「海外ビジネス」と一言でくくるのは少し乱暴ではある。とはいえ、まずは、

「共通して見られる違いは、どこにあるのか？」
「うまくいかない人は、何につまずいているのか？」

の二点について、実際によく目にする事例を紹介しながら、明らかにしたい。そのうえで、これらの課題に対して、どのような対策や心構え、ソリューションがあるのか、可能なかぎり実践に即して述べてみたい。

私はそもそも帰国子女でもないし、社会人になるまで特別に海外での経験があったわけでもない。そんな私が、縁あって商社の一員となり、海外ビジネスの荒波にもまれて、さ

まざまなチャレンジを繰り返してきた。その後、グロービスに転職し、企業の人材育成を支援する仕事に携わるなかで、海外ビジネスの難所や勘所を言語化し、深めてゆく機会を得た。研修を通して、受講者の実務上の課題を解決するなかで、商社時代には漠然と感じていた生の体験が整理できたようにおもう。

正直に言えば、グロービスでの仕事を通じて学び、整理したことを、もし商社時代の私が知っていたなら、もっといい仕事ができたはずだと、悔しく思い返すことが数多くあった。自分の時間は過去に戻せないが、私が身を削るようにして学んできたことを、今、海外で活躍を求められている人たち、あるいは、これから海外へ赴任する人たちに伝えることはできる。それが本書を執筆するに至った動機だ。

海外の現場で日本人のビジネスパーソンを見ていると、ちょっとした心の持ち方や、ほんのすこし工夫や努力をすれば、見違えるほど活躍できるのに、と思うことが本当に多い。

「現場で良い仕事をしているのだから、もっと自信を持てばいいのに……」

「すぐれたアイデアをたくさん持っているのに、なぜ活躍できないのだろう……」

なかには、海外での仕事に長年携わっているのに、海外に対して苦手意識を持っている

人も多い。たとえば、プレゼンテーションやコミュニケーションの際に、

"Sorry. My English is not good.（すみません。私は英語が苦手でして……。）"

などと過度に謙遜してしまう人が、大企業の幹部のなかにも散見される。英語力だけでなく、不必要に自信のなさを見せてしまうビジネスパーソンも少なくない。日本人のビジネスパーソンには、海外ビジネスに対する苦手意識がまだまだあるというのが実態だろう。

私が海外ビジネスに携わるようになった当時から、自信がなさそうに見える人は少なからずいたが、それから30年あまりが過ぎた。現在、グローバル化が世界中で進んでいるが、残念ながら状況はそれほど改善されていないように感じる。今でも、日本人ビジネスパーソンにとっては、海外で結果を出すことへのハードルは高いようだ。

そうした状況下で、本書が、海外で業務を遂行するうえでの道標になればという思いで書いている。今まさに海外の現場で頑張っている人たち、もしくは、今後、海外で活躍したいと考えているビジネスパーソンの課題解決のために、本書がお役に立つことを願っている。また、日本の本社で全社戦略や海外戦略を推し進めている方々、これから部下を海外へ送り出そうとしている幹部の方々にも読んでいただけたら幸いである。

さて、冒頭で掲げた質問を、もう一度、思い出してほしい。

「海外で結果を出す人と、出せない人との圧倒的な違いは何か？」

答えは、海外で結果を出す人は、次のような人だ。

「決して異文化を言い訳にしない」

なぜ、これが、海外で結果を出せる理由なのか。それを今から、みなさんと解き明かしていきたい。

目次

海外で
結果を出す人は、
「異文化」を言い訳にしない

はじめに 1

3

世界で活躍する人ほど、「自己理解」を大切にしている

1 最大の難所は、異文化ではなく自分のバイアス

イランで気づかされたこと

私がはじめて海外へ赴任したのは、イランだった。大学を卒業して総合商社に入り、入社5年目にして、イランの首都テヘランへの赴任を命じられた。日本にとってイランは、きわめて関係の深い国だ。原油の輸入先として、さまざまな工業製品やインフラ設備の輸出先として、当時も密接なつながりを持っていた。だが、多くの日本人にとって、イランは、遠くて馴染みの薄い国だといえよう。

ほとんどの日本人は、イスラム世界の暮らしがいかなるものか、すぐには想像できないだろう。なかでもイランは、イスラム圏のまさに中央に位置し、イスラム教の戒律が比較的きびしく守られている国だ。私が勤務していた総合商社でも、ほとんどの社員にとって、積極的に行きたいと思うような駐在先ではなかった。当時、駐在先で人気があったのは、ニューヨークやロンドン、シドニー、シンガポールといった都市だ。私自身も、正直なところ、どこか先進国の洒落た都市に勤務したいと願っていた。

だが、今になって振り返れば、初めての海外赴任先がイランだったことは、私にとって幸運だったと思う。日本とは生活も仕事の環境も、かなり異なる国……好むと好まざるとにかかわらず、異文化にどっぷり浸からざるを得なかった日々……その経験が、貴重な気づきを私に与えてくれたのである。

思えば入社してすぐ、〈機械 第二部門 建設機械 第一部 中近東課〉という名称の部署に配属されたときに抱いた感想も、「中近東かよ……勘弁してほしいな」だった。同期入社した仲間からも、憐れみのこもった目で見られた。

中近東といえば、戦争やテロで危険といったイメージが強い。また、日常生活では、お酒は自由に飲めないし、娯楽や遊ぶところもほとんどないといった制約もある。さらに、ビジネスでも、レバシリ（レバノンやシリアあたりにいる手強い商人）と並んでペルシャ（イラン）商人は、非常に手強い相手として名を馳せていた。社内でも、痛い目にあったプロジェクトや商談の話は、まさに「神話」のように語られていたのである。

そんななか、入社5年目で20代後半の駆け出しだった私に、イランへの駐在が命ぜられた。そのときの私は、多少、苛酷（ハードシップ）な生活環境の国への赴任であっても、一人前の商社マンになるには、豊富な海外経験こそが必須だと考えていた。だから、比較的若くして回ってきた海外駐在のチャンスを前にして、モチベーションは高かった。

日本を発つ日に、多くの仲間や先輩に励まされ、成田空港からイランエアーに搭乗して首都テヘランに向かったときのことは、今でもありありと目に浮かぶ。これから自分は、イランで身体を張って情報を収集し、ビジネスのアイデアを数多く作り、多くの事業を実現させていくのだ。そうすることで、イランにおける自社のプレゼンスも増大する。そしてなにより、イランの社会に貢献でき、その国の発展に寄与できる。そんなふうに仕事に燃えていたのである。

赴任すると、駐在員として初心者の私に対して、先輩社員たちは親身に面倒を見てくれた。先輩たちのなかには、中近東全般のビジネスに精通したプロもいたし、イラン駐在が2度目で通算8年といった強者もいた。

商社では、ベテラン社員が長年の経験から培った現場のノウハウを、後輩が引き継いでいく。特に、一筋縄ではいかないイランのようなマーケットでは、若手駐在員が致命的なミスを犯さないよう、さまざまなインプットやシミュレーションがなされる。現地のパートナー企業との打ち合わせの前には、判断ミスを未然に防ぐために、陥りがちな罠の説明などを行う。たとえば、次のようなものだ。

「イランでは、真の情報が簡単に手に入るとは思わないほうがいい」

「イランでは、相手の言うことを鵜呑みにしてはいけない」

「相手の話を真に受けるのではなく、まずは裏を取らねばならない。簡単に信用してはだめだ」

また、現地での案件やプロジェクトが遅々として進まないと、日本の本社や取引先から大きなプレッシャーがかかるので、結果が出ないと落ち込むことになる。そんなとき、先輩社員が晩飯に誘ってくれて、教訓や慰めを与えてくれる。たとえば、こんなふうに。

「イランでは、何事にも時間がかかるものだ。あせらずに頑張れ」
「イランでは、契約が簡単に覆されることがよくある。肝に銘じておけ」
「イランで仕事が成功したら、世界中どこへ行っても、やっていけるよ」

単身で長年イランに滞在していた先輩社員のなかにも、イランでのビジネスのやりにくさに辟易(へきえき)している人は少なからずいたように思う。私自身も、覚悟はしてきたものの、いざ現地にどっぷり浸かってみると、改めて大変な国に来たんだなと思い知らされた。

当時の私は、イランという特殊な国の環境や慣習にどう適応して仕事をすればいいかをつねに考え、それに慣れることこそが大事だと思っていた。先輩社員のアドバイスを積極的に取り入れ、異文化理解を深め、社内外で接するイラン人といかに仕事をうまく進めるかに腐心していた。イラン人は誇り高い民族なので、決して侮辱したり、人前で恥をかかせたりしてはいけないという教訓を守った。現地の部下に対しては、直接的な物言いを避けたり、婉曲な言い回しを工夫したりしたものだった。

また、顧客に対しては、多少のビジネス上の齟齬をきたしても、単刀直入に指摘したり、クレームをつけたりせず、自分たちでかぶれるものはかぶり、事なきを得るほうが得策と考えるようになっていた。

だが、こうしてイランの文化や慣習をどれほど勉強し、研究しても、結果に結びつかないように感じていた。むしろ相手に、好きなように振り回されているとさえ思えてきた。もちろん、初めての海外駐在である。最初から、すべてがうまくいくとは思っていなかったし、学ぶべきことは、まだまだ山のようにあったのは事実だ。ただ次第に、このままでいいのだろうかと疑問を持つようになった。

たとえば、「イランでは、真の情報は簡単には手に入らない」と先輩は言う。確かに一面ではそうかもしれない。だが実際のところ、単に適切なキーパーソンに会えていないだけではないか、という疑問が芽生えてきた。「真の情報が手に入らない」のではなく、「真の情報を持っている人に会っていないだけではないか？」と。

日本で仕事をしていても、適切な人に会っていなければ、求めている重要な情報や正しい情報を得ることはできない。もちろん、異国でキーパーソンを特定して、面会にまで漕ぎつけるのは容易ではない。そもそも、いったい誰がキーパーソンなのかさえ見当がつかない。しかし、その困難に真っ向からぶつからないまま、「イランでは、真の情報は簡単には手に入らないから」と、自分で勝手に見切りをつけているのではないか？

同様に、「イランでは、相手の言うことを信用してはいけない」という教訓にも疑問を抱くようになった。そもそも、一介の外国人に、最初から信頼を寄せて情報を開示し、仕事を任せるものだろうか？　その考え自体が甘いのではないか？

逆の立場で考えてみれば分かるだろう。日本人だって、見知らぬ外国人がいきなりやってきて、「いっしょに仕事をさせてくれ、いっしょに仕事をしたいから情報がほしい」と言われたら、どうするか？　適当にあしらって終わりにするのが落ちだろう。一見(いちげん)さんの外国人を信頼して、最初から確かな情報を渡すことなどあり得ない。

そう考えるなら、「イランでは、人の言うことを信用してはいけない」と嘆く前に、まずやるべきことは、徹底的に信頼関係を構築することのはずだ。そういった当たり前の努力が徹底されていないのではないか？

先輩社員の言う「イランに関する教え」は、なにもイスラム色の強いイランだから特別に起こっている困難ではなく、どの国でも起こりうる、ふつうのビジネス上の課題と捉えるべきではないか？　そのほうが、むしろ自然なのではないか？　私は次第にそう考えるようになった。つまり、

「異文化が、海外で仕事がうまくいかないことの〈言い訳〉に使われていないか？」

という疑問を持つようになったのだ。

当時の私は、この疑問をうまく言語化できていなかった。しかし、その後ヨーロッパやアフリカでのビジネスに携わり、さらにグロービスで、海外で活躍するビジネスパーソンたちと交流するなかで、１つの持論に至った。

海外ビジネスの真の難所は、**異文化に囚われすぎて、問題の本質を見失ってしまう**ことだ。

つまり、「海外での仕事は、通常とは違う何か特別なものである。その特殊性は、異なる文化的背景から来ている」という思い込みによって、日本にいたら自然に受け入れられる問題や状況に惑わされてしまう。特に、日本と文化が大きく違う国であるほど、すべての困難が、その文化が持つ特殊性からもたらされると錯覚してしまう。その結果、本質的な問題に向き合えずに、成果に直結するアクションが取れなくなるというわけだ。

「ではの守」に注意！

異文化に囚われすぎると、問題の本質を見失う。厄介なことに、この難所のきっかけは、経験豊富な上司や先輩社員の言葉であることが多い。もちろん、役立つアドバイスも多い。ただし、仕事上で起こった問題の原因などを話す際には、注意が必要だ。

「イラン**では**……」
「中国**では**……」
「アメリカ**では**……」
「タイ**では**……」

というように、「**では**」が頻繁に出てきたら要注意だ。

話の内容をじっくり聞いてみると、きわめて個人的な経験の話に終始し、ビジネスとの直接的な関係が曖昧だったりする。その国の人のステレオタイプ的な性格の話や、海外事情を伝えるTV番組に出てくる蘊蓄（うんちく）に近い、生活上のびっくりネタなどが語られる。ビジネスがうまくいかない理由を、その国の特殊性（＝異文化）にあると結論づけているわけだ。「海外**では**こうだから日本もこうすべき」といった語り方をする人を、「**〇〇では**」という口癖から「ではの守（出羽守）」と言うが、「イランではこうだから仕方がない」などと決めつける人もまた海外勤務者にありがちな「**ではの守**」だ。話を聞いていて、「ではの守」かもしれないと思ったら、その内容を鵜呑みにしないように警戒しよう。

ちなみに、「ではの守」は、海外勤務に慣れてきた頃から頻発しやすい。当人は必ずしも悪気があってやっているのではなく、むしろ、善意でやっていることも多いのだ。「〇〇では」という話は、現地を知らない人からのウケがいい。また、「日本だったら、こんな苦労はしなくてすんだのに」という思いから、つい言いたくなってしまいがちだ。海外へ行ったら、自分も「ではの守」になっていないか注意したい。

さらにこの「ではの守」の厄介なところは、長年同じ地域や国に携わっていて、社内でも専門家と言われているような人でも陥りがちなことだ。日本では馴染みのない国の特殊性の高いマーケットの場合、周囲も無批判にその意見を受け入れてしまうことが多くなる。経営陣のなかでも、そのマーケット環境についての十分な知見がないために、こうした専門家の意見をそのまま全社の意思決定に採用してしまいがちだ。

例として、ふたたびイランの話を紹介したい。私が勤めた商社にも、世界各地の情報収集を行い、全社的な海外戦略、地域戦略を専門に取り扱う部署があった。戦略立案のほかにも、各営業部門の事業遂行に対するアドバイスも行う。

当時は、全社的にイラン市場を重視していたため、イランや中近東の専門家も数多くいた。その頃、イラン・イラク戦争が終結したあとの復興需要で、イランでは、インフラ整備プロジェクトやそのための機材の買い付け案件が目白押しだった。そのため、徐々にイラン向けの債権は膨れ上がっていき、やがて、突出するようになっていた。

当時のイランのように発展途上で、かつ、国際社会からの支援も十分受けられない状況の国に、こんなに多額の貸し付けをしていいのか？　そんな議論も社内では起こっていた。そのとき、社内のイラン専門家が口を揃えて言ったのが、次のような「神話」だった。

「イランは中近東のなかでもペルシャ人の国で、民族に対する誇りと、高い文化を持つ人々である。借りたお金は絶対に返す国だ。事実、過去に一度も返済がなされなかったことはないので、イランは信頼できる」

こうした「専門家」のアドバイスに従って、むしろ、ここがチャンスとばかりにビジネスの拡大は続いた。これは、他の商社でも似たような状況だったらしい。その後、何が起こったかは、中東のビジネスに関わったことのある人なら記憶に残っているかもしれない。当時の専門家たちのアドバイスとは裏腹に、イランからの返済に遅延が目立ちはじめた。それでも、専門家や現地のトップは「ペルシャ人は、いずれ必ずお金を返す」と言い、それに対して強硬に異を唱える人も少なかったように思う。結果は、どれほど時間が経っても債権への返済は実行されず、イランに展開していた各商社の遅延債権は膨れあがる一方だった。

そんな状況を前にして、さすがに呑気なことを言っていられず、債権回収を本格化させたが、各社が個別で行う債権回収策は効果を発揮しなかった。最終的には、オイルスキームと言って、商社連合で、原油の買い付け枠を担保にした延滞債権の返済期限延長を余儀なくされた。ところが、そんな事態に陥ってもなお、「絶対にお金を払うイランが、今回は特例で……」という言い方をする「専門家」がいたことを、今でも思い出す。

結局のところ、私が勤務していた商社だけでなく、各社とも「ペルシャ人はお金を返す」という神話のもとに、同国の返済能力以上の債権を積み上げていた。冷静に考えれば、当時のイランの収入源は、ほぼ原油関連である。毎期に返済すべき金額がそれを上回ってしまえば、借金を返せなくなるのは当たり前だ。ところが「イランでは、金が払われなかったことなどない」という専門家の意見に従って、各商社ともビジネスを続けていたことになる。当時の私自身も、イラン神話に疑いを持たず、ひたすらビジネス拡大に奔走していた。

イランの債権問題の事例は、悪気のない「〇〇では」が、思考停止をもたらした一例である。周囲も、その国の専門家が言っているのだからと、その言葉を結果として鵜呑みにしてしまい、意思決定や戦略を見誤ったのだ。こうした「ではの守」の言動に影響されつづけているかぎり、組織としての学習は阻害され、海外で活躍する次世代の人材育成も阻まれることになりかねない。

海外で結果を出す人は、「異文化」を言い訳にしない

私自身、商社時代、さまざまなリーダーのもとで仕事をしてきた。まだイランに駐在する前、日本の本社で働いていたときのことだ。留学や駐在など中近東での経験が豊富で、中近東ビジネスに関するさまざまな知識を持ち合わせていたリーダーがいた。今振り返ると、

「中近東のこの国はこうである」「中近東のあの国はああだ」といったような決めつけの言葉が多い人だった。上司に対しても、取引先や他部門の人に対しても、よくこんな物言いをしていた。

「そんなことを言われても、中近東**では**簡単にはいかない。中近東を知らない人に、そこまで言われたくない」

結局、そのリーダーの下では残念ながら、チームとしての成果目標を達成することはできなかった。もちろん、外的な要因もあったとは思うが……。自分は中近東の文化を深く理解しているというリーダーの自負が、一回一回のビジネスに新鮮な目で向き合い、個別のビジネスの本質を摑み取ることを困難にさせてしまっていたように感じる。

そのあとを継いでチームにやってきたリーダーは、中近東での経験がまったくない人だった。頭の回転が速く、仕事の実績もあったが、中近東の複雑なビジネスをマネジメントできるかどうか定かではなかった。正直なところ周囲では、お手並み拝見といった空気があったように思う。そのリーダーは、自分よりも中近東での経験が豊富な部下や、中近東の最前線で業務をこなしている駐在員に対して、こんな〈問い〉を投げつづけた。

「なぜ、そのような見方をして、そのような判断になったのか？」
「なぜ、君はそのような展開になると判断しているのか？」
「なぜ、無理だとあきらめるのか？」

部下や最前線にいる仲間とのこうしたやり取りを通して、それぞれの国でのビジネスのカラクリを少しずつ把握していったのだ。その結果、それまでは組織として見えていなかった事実が見出されたり、それまでは最初から無理だと諦めていた案件に新しいアプローチが取られたりするようになった。

このリーダーは、ビジネスの場所が「中近東であるから」ということを、「できない」理由にすることを絶対にしなかったし、他者にも認めなかった。もちろん、中近東でビジネスをやるからには、現地のことを熟知しているほうが有利に決まっている。中近東のやり方に精通しなければ、相手の懐に入って仕事をやりとげることは困難だ。

一方で、豊富な知識や経験が「バイアス」になると、かえってビジネスの判断を誤らせる。そのことを、後任のリーダーは知っていたのだ。これは、中近東に限らず、アジアや欧米、アフリカ諸国でも同じだろう。当時から現在に至るまで、海外で活躍しているビジネスパーソンを見ていると、**結果を出している人ほど、「異文化」を言い訳にしない。**

実際に海外でビジネスを推進しようとすると、さまざまな困難に遭遇する。タフな交渉も多いし、実際には「何でこうなってしまうのか？」と首をひねることの連続だ。そんな場面や状況が続くと、心が折れ、ついつい逃げ出したくなったり、弱音を吐きたくなったりする。

「ここは中近東だからな」

「ここはイランなんだから」

そうした厳しい環境のなかで、現実から逃げることなく向き合うには、自分で自分の背中をつねに押しつづけなくてはいけない。そんなとき、今でも思い出す言葉がある。イラン時代の先輩からもらった言葉だ。

「いい仕事をしようと思っているなら、**一番会いたくない人に、一番会いたくないときに、会いに行け！**」

顧客から、とても対応できないような無茶な要望が来たときなど、今このタイミングで相手に会いに行くのは、できるかぎり避けたいものだ。特に、顧客のなかでも、かなり付き合いづらい相手に対しては、勘弁してほしいと思うことも多かった。今このタイミングで会いに行っても、状況を打破することは、まずできそうにない。このまま喉元を過ぎるまでじっとしていたいと弱気になるのが人間の自然な感情だ。異文化を言い訳に使いたくなる気持ちも湧き上がってくる。そんな心が折れそうなときに、なんとか自分を奮い立たせ、顧客やビジネスそのものに向き合わせてくれたのが、この言葉だった。そうして腹をくくって会いに行くと、意外な事実を発見できたり、顧客の本音が聞けたり、問題の真因が見えてきたりするものだ。今でも私の座右の銘になっている。

冷静に考えてみれば、日本でのビジネスなら、それほど苦労もせずに対処できる問題も、こと海外の話になると、急にハードルが上がってしまう。というのも、多くの日本人ビジネスパーソンは、海外は特別であるという「バイアス」を持っているからだ。そのために、自分で自分の状況を難しく考えてしまっているように見える。

海外ビジネスだからといって、何か特別なことをやる必要はまったくない。そのマインドセットを持つことができれば、一般に言われているほど、海外ビジネスのハードルは高くはない。むしろ、海外だからこそ、基本に忠実に従って仕事を遂行することが最も近道だと、私は考えている。では、どうすれば、その「バイアス」をはずすことができるのか？　そのコツを、次の章で見ていこう。

なお、本文中には、「海外では」「日本では」という表現がでてくる。私自身が「ではの守」ではないかと思われるかもしれないが、ここでは「特定の文化圏を指す」のではなく、「普遍的な傾向について語る」ために、やむをえず使用していることをご了承いただきたい。

また、このあとの章では、実感を持って読み進めていただくために、さまざまな事例を紹介する。海外の現場で働いたことのある人であれば、身に覚えのあるものも多いと思う。どれも私自身やこれまで出会ったビジネスパーソンたちが直面した実際のエピソードをもとにしているが、プライバシーの観点から、人名や業界、国、具体的な問題については適宜変えていることを付記しておきたい。

2 「異文化だから」で、見落としてしまう4つの壁

そのトラブル、本当に文化の違いが理由ですか？

海外ビジネスに携わるビジネスパーソンに、こんな質問をしてみる。

「海外で仕事をするうえで、何が一番大事なスキルだと思いますか？」

すると、つぎのような答えが返ってくることが多い。

「異文化理解力です」

「異文化コミュニケーション力でしょう」

確かに、文化的に異なる背景を持った人たちといっしょに仕事をするうえで、異文化理解はとても大事なテーマだ。しかし、第1章で見てきたように、「異文化に囚われすぎると、問題の本質を見失ってしまう」という落とし穴がある。

これは「**ビジネス上の問題を、異文化の問題に取り違えてしまった**」とも言えるだろう。

この章では、どのようにして、ビジネス上の問題を異文化の問題に「取り違えた」のかを、具体的な事例を見ながら考えていきたい。「取り違え」のポイントになるのが、日本での仕事と海外での仕事のあいだに立ちはだかる、大きな「壁」だ。

海外で活動するビジネスパーソンは、どんな壁に直面するのか。グロービスでは、さまざまなケースや経験者のインタビューなどをもとに、この壁を次の4つにまとめている。

①経済やビジネスの「発展段階」の違いによる壁
②自身がカバーする「ビジネス領域」の違いによる壁
③「組織での役割」の違いによる壁
④持っている「文化」の違いによる壁

これらは、日本のビジネスパーソンが、「**日本の国内事業×日本人組織**」という仕事の仕方から抜け出し、「**海外事業×ダイバーシティ組織**」の仕事ができるようになるために、乗り越えなければならないものだ。この**4つの壁**をきちんと分けて理解していないと、すべての問題が異文化に起因しているかのように結論づけてしまう。

では、この4つの壁を詳しく見ていこう。

①経済やビジネスの「発展段階」の違いによる壁

これは、国や地域の経済が、どんな発展段階にあるかによって、ビジネスのやり方に違い

図1　4つの壁

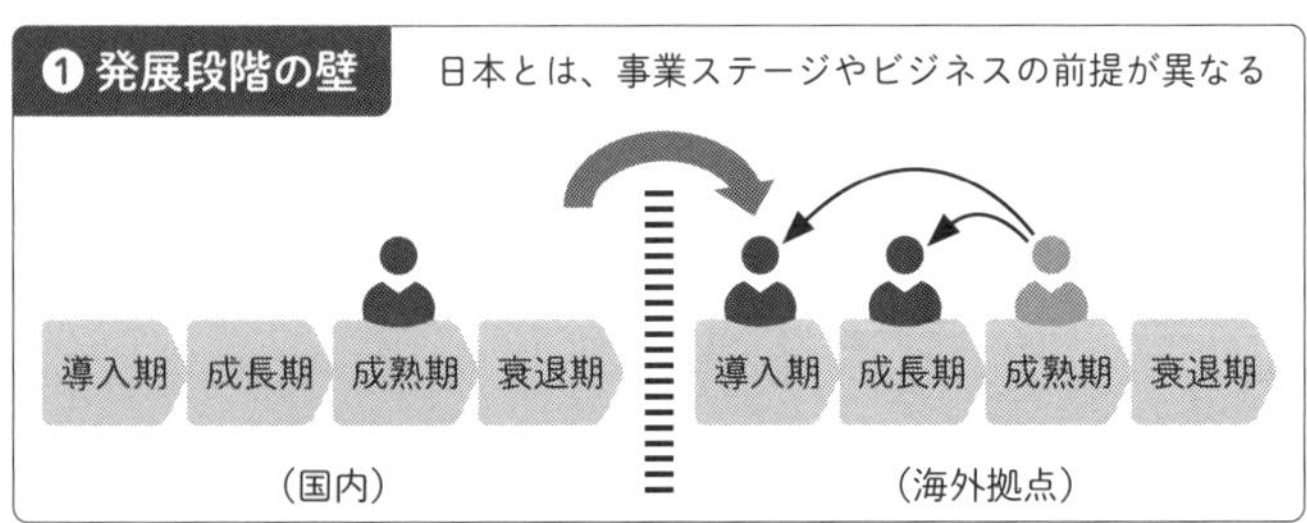
❶ 発展段階の壁
日本とは、事業ステージやビジネスの前提が異なる
導入期
成長期
成熟期
衰退期
導入期
成長期
成熟期
衰退期
（国内）
（海外拠点）

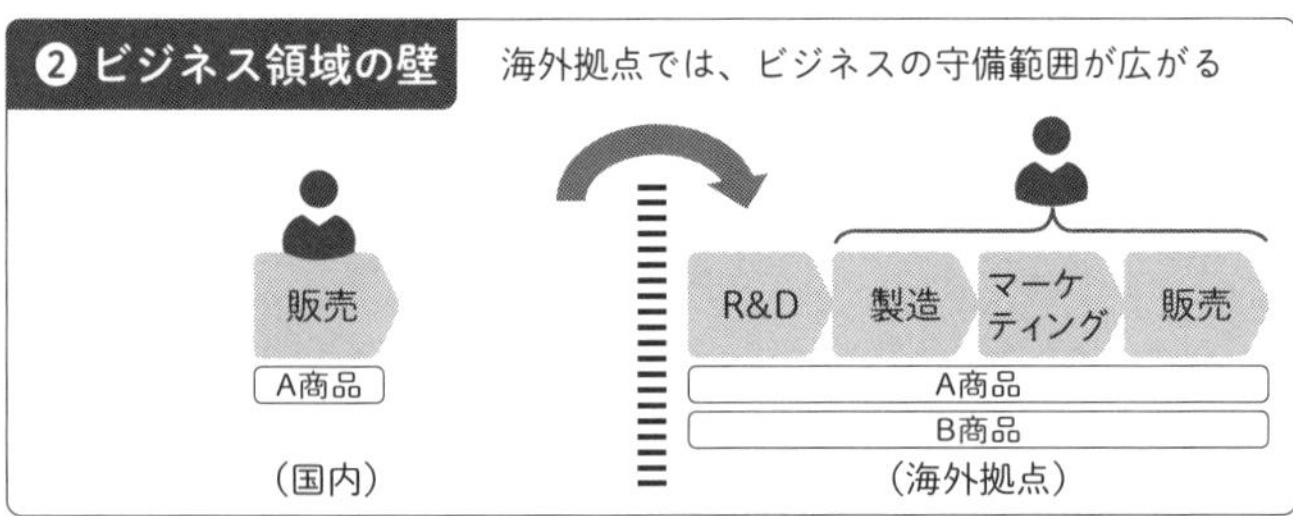
❷ ビジネス領域の壁
海外拠点では、ビジネスの守備範囲が広がる
販売
A商品
R&D
製造
マーケティング
販売
A商品
B商品
（国内）
（海外拠点）

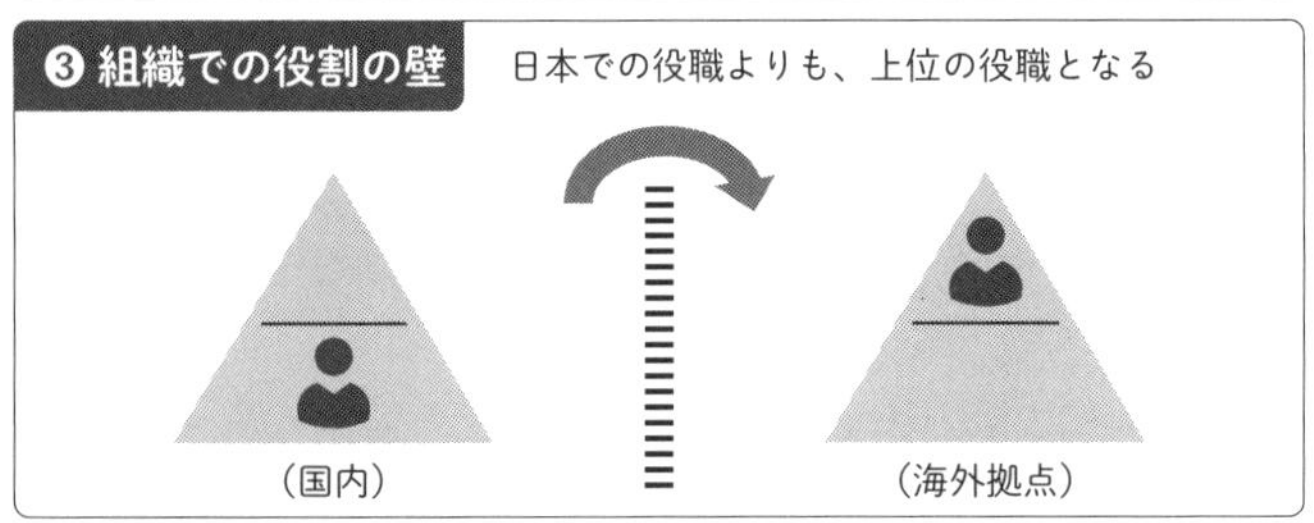
❸ 組織での役割の壁
日本での役職よりも、上位の役職となる
（国内）
（海外拠点）

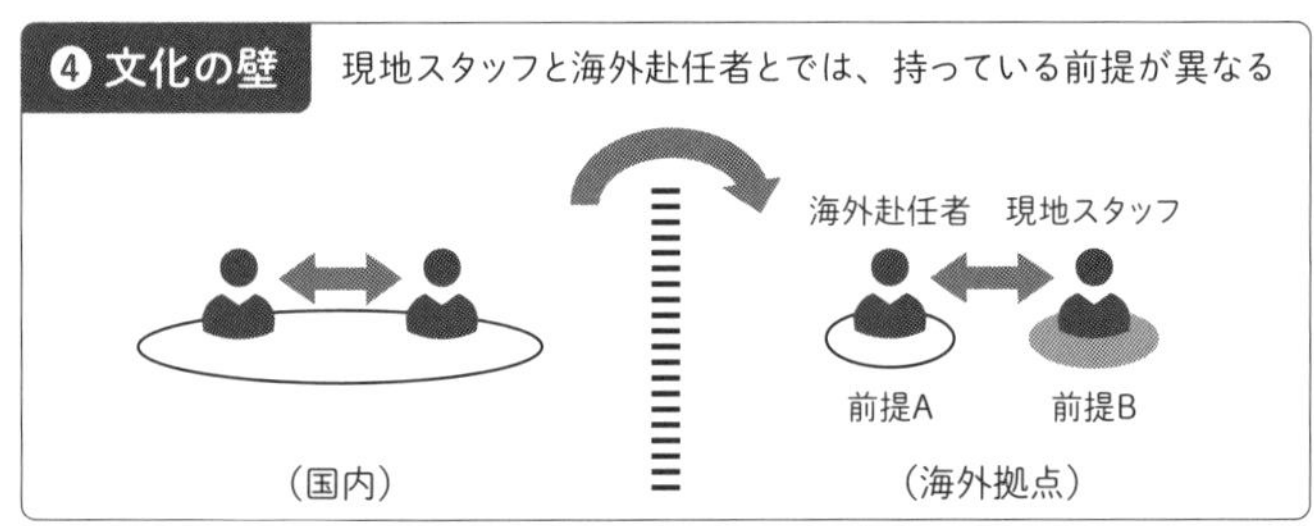
❹ 文化の壁
現地スタッフと海外赴任者とでは、持っている前提が異なる
海外赴任者
現地スタッフ
前提A
前提B
（国内）
（海外拠点）

が出るということである。たとえば日本は、先進国として、伝統的なインフラ系の産業はもとより、国際的にまだまだ競争力のある自動車や電機などの業界であっても、国内では大半が成熟産業となっている。業種によっては、衰退産業化しているものもあるだろう。

それに対して、東南アジア諸国や新興国、新・新興国では、業界自体が、成長期の真っただ中であったり導入期であったりする。そうした国々と日本とでは、マーケティングのやり方、営業のやり方、組織の作り方、リスクの取り方など、かなりの違いが出るのは当然だ（下図参照）。

ところが、日本人ビジネスパーソンの多くは、生まれてこのかた、成熟社会の日本で、成熟業界の仕事の経験しかしていない。つまり、肌感覚として、成長期のマーケットにおける仕事の実感がまったくないのだ。そんな状態で、自分の経験だけを頼りに仕事をすれば、どうなるか？　ビジネスのやり方やビジネスパーソンの行動の違いが、経済や事業ステージの発展段階の違いに起因するものだと理解できず、文化の違いだと捉えてしまう。この現象が、1つ目の壁である。

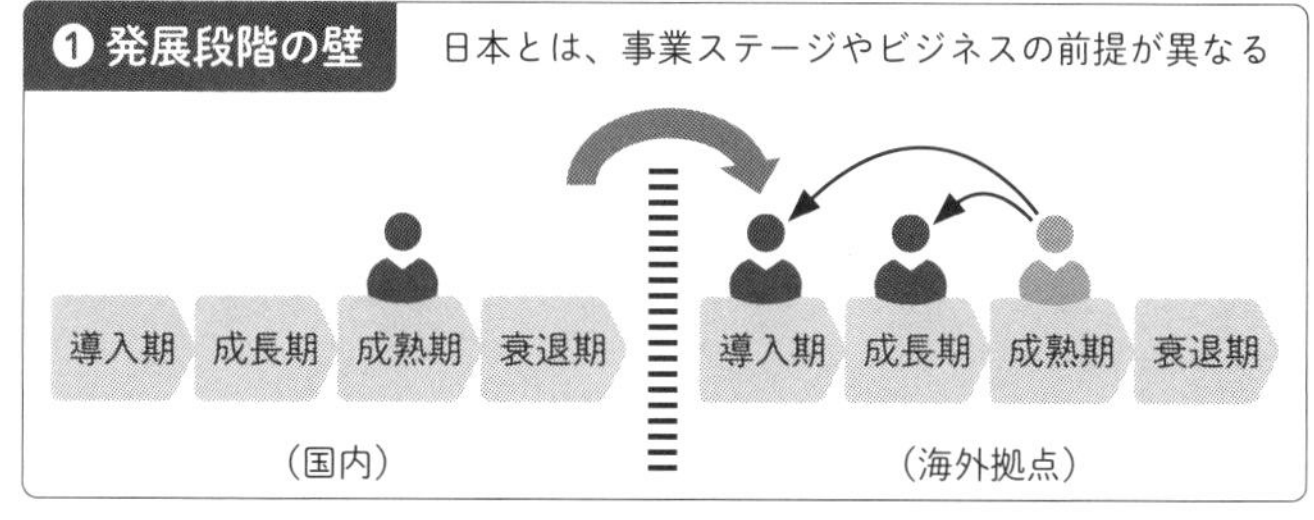

②自分がカバーする「ビジネス領域」の違いによる壁

日本では、組織が大きいほど、仕事における機能や役割も細分化される。そのため、1人ひとりの守備範囲は狭くなる。たとえば、営業なら営業、マーケティングならマーケティング、製造なら製造、研究開発なら研究開発と、バリューチェーン上のきわめて狭い範囲を担当し、責任を持つ場合が多い。また、扱う製品・サービスの種類によって細分化されていることもある。

これに対して、海外では（もちろん、ケースバイケースだが）、日本にいたときより複数の製品やサービスを扱う必要があったり、バリューチェーン上の責任範囲も広くなったりすることが多い。つまり、カバーしなければならないビジネスの領域が広くなるのだ（下図参照）。

扱う製品が変われば、その製品特性に合わせた仕事の仕方が求められる。あるいは、担当する業務や役割が変われば、求められる行動様式も変わる。営業として働いてきた人も、マーケティング担当

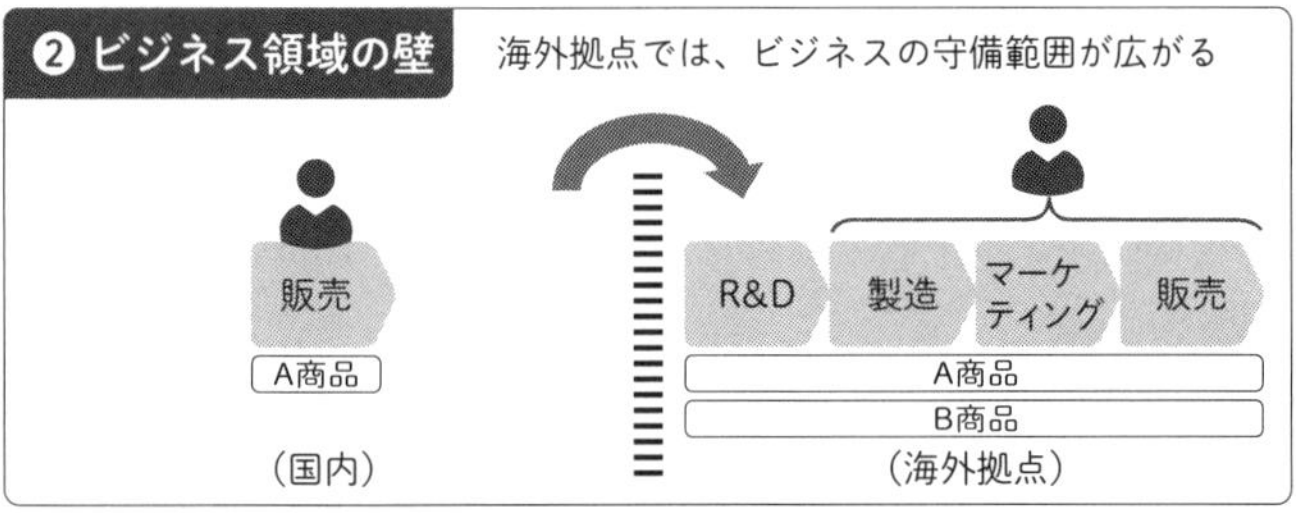

としての発想や視点が要求されるようになるのだ。

海外に来て、これまでやったことがない領域の仕事をいきなり任せられると、求められる仕事の考え方や行動様式が変わり、戸惑うことも多い。最初は勝手が摑めず、コミュニケーションがうまく取れないこともしばしば。このような壁に突き当たるのは、これまで経験したことのないビジネスをやるのだから当然だ。それにもかかわらず、それが異国の文化に起因すると錯覚してしまうのである。

③「組織での役割」の違いによる壁

これは、日本の本社から海外駐在に派遣されるビジネスパーソンのほとんどが経験することだ。海外に出ると、日本で担っていた役割より、一段も二段も上位の役割を担うことが多い（下図参照）。日本では部下を持ったことがない人がマネジャーを任されたり、日本では部課長クラスの仕事をしていた人が、役員クラス、場合によってはトップを任されたりする。日本国内で昇進する場合であっても、それなりのフォローが必要だ。それが、いきなり海外で、初めて

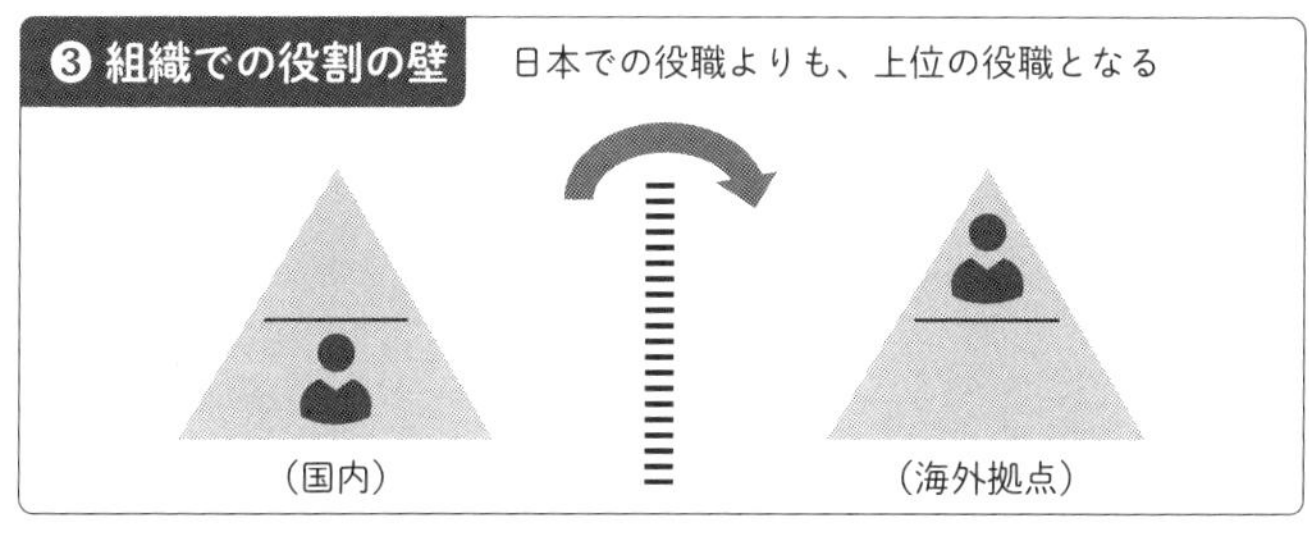
❸ 組織での役割の壁
日本での役職よりも、上位の役職となる
（国内）
（海外拠点）

部下を持ったり、初めて組織全体のマネジメントに責任を持ったりすることになるのだ。これは相当にハードルが高い。この問題に悩んで、心身がやられてしまう人がいるほどだ。

現地で組織や人の問題に直面している駐在員に話を聞くと、いずれも「文化の違いに悩んでいる」「異文化コミュニケーションがうまくいかない」という言葉が出てくる。もちろん、文化の違いによる問題がないとは言わないが、それ以前に、そもそも自身が現地で与えられた役割にふさわしいだけの、組織マネジメントに関する知識やスキル、マインドセットを持っているのかを問うべきである。

④持っている「文化」の違いによる壁

これは、一般によく言われる「異文化」、国や民族の違いによる文化的な違いのことだ（下図参照）。注意したいのは、国籍などの表面的な違いではなく、個々人の考え方も含めた見えにくい違いを考慮する必要があるという点だ。また、これまで述べてきた3つの壁をすべて検討したうえで、初めて考慮すべきものである。

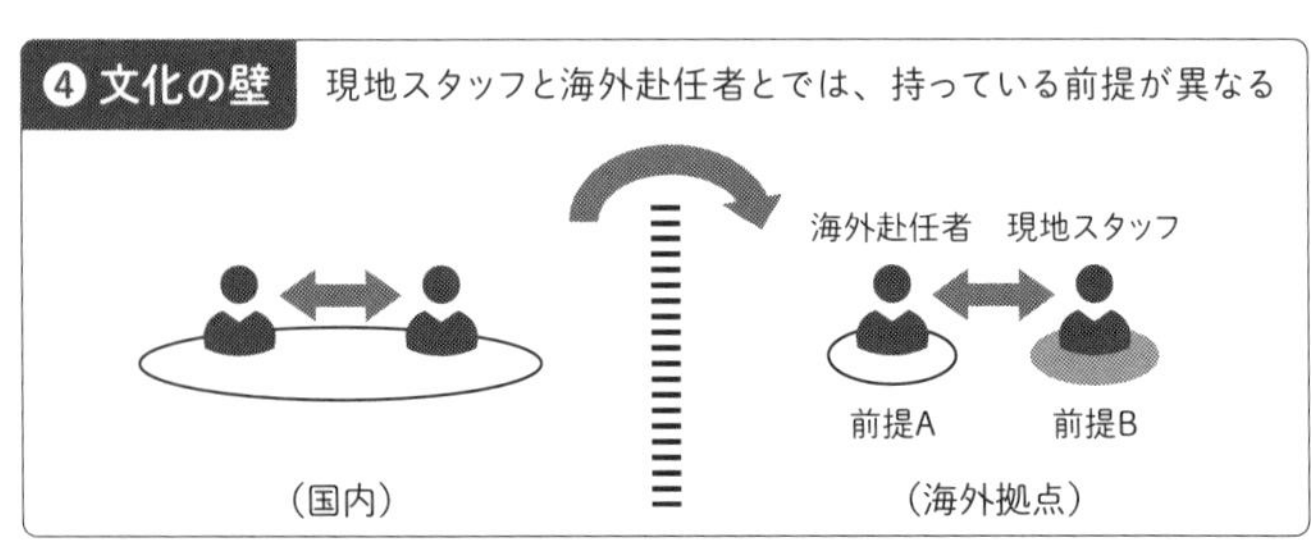

とはいえ、実際には、これら4つの壁が明確に区分された形で、問題として現れるとは限らず、複合的に絡みあっている場合もある。だからといって、これらの現象をすべてまとめて「文化の違い」として捉えてしまうと、どうなるか？　それ以上、問題を掘り下げない思考停止状態に陥り、前向きで具体的な対応には結びつかなくなってしまうのだ。そんなことにならないためにも、

「そのトラブルは、本当に文化の違いからきているのか？」

と、つねに自問自答しながら、冷静に解決策を見つけだしていただきたい。

では、それぞれの壁について、具体的な事例で見ていこう。

①発展段階の違いによる壁

①の「経済やビジネスの発展段階の違いによる壁」は、近年ますます顕著になっており、今後もその傾向は続くだろう。日本は高度成長からバブル崩壊を経て、経済の発展段階としては、成熟期に入ってすでに20年以上の歳月が流れた。さらに、その期間、日本経済はデフレで長期的に低迷していたため、日本で働いているビジネスパーソンの大半は、成熟期、あるいは停滞期のビジネスに慣れ親しんでしまっている。

その一方で、海外へ出て行く場合は、当然のことながら、企業は収益が期待できる成長市場を中心にビジネスを展開する。つまり、成熟市場の日本とはかなりギャップのある国へ行くビジネスパーソンが増えているのだ。

では実際に、この壁がどのような形で実務に影響を与えるのか、具体的な事例で見ていこう。

主人公の内田は、新興国ベトナムの営業・マーケティングに抜擢された新人駐在員で、見当違いの施策によって窮地に陥ってしまった。なぜ内田がそんな状況を招いてしまったのか、みなさん自身も、その理由を考えながら読みすすめていただきたい。

海外事例

ベトナムの新人駐在員・内田の見当違いな施策

工業機器メーカーF社の内田は、現地で自社製品の販売を担うパートナー企業のあまりのいい加減さに、嫌気がさしていた……内田は、まだ30代前半だったが、入社以来の活躍ぶりが評価され、同期のなかで最も早く、海外支社の重要ポストに抜擢された。F社としても、内田を将来のリーダー候補として、早くから海外でのマネジメント経験を積ませたいと考え、東南アジアで成長著しいベトナムに赴任させていた。

勉強熱心な内田は、顧客経験価値を主体にした最新のマーケティング手法に精通していた。ファクトやデータに基づくマーケティング施策を実施しては、速やかに検証を行うPDCAサイクルを回し、常時、顧客の状況や反応に即して柔軟に施策を修正していくやり方で、日本でも実績をあげていた。そんな内田は、ベトナムへの赴任直後から、積極的にF社の販売パートナーである有力ディーラー数社の社長に会い、販売強化のために、自らディーラーの社員教育を申し出た。ディーラーの社長からも大変感謝され、さっそく数回にわたって研修も実施した。

ベトナムの若い世代は、スキルアップにはきわめて関心が高く、こうした学びの場に参加することには、むしろ日本よりも意欲的だ。自分の価値を高めることには貪欲である。内田は、社員全員が、真面目に研修に参加している様子を見て、手ごたえを感じていた。これで、ディーラーの動きも徐々にいい方向へ変わっていくだろうと期待も膨らんだ。

しかし、その後、ディーラーから上がってくる情報の精度は以前と変わらず、動きもあまり変わっていないように見えた。たまりかねて、内田はあるディーラーのキーパーソンで、ゼネラルマネジャーのグエン氏に面会を求めた。

様子を聞き出したところ、グエン氏自身が相も変わらず、彼自身の見込みで販売予測を立て、プロモーションの実施や販売施策を進めていたのだ。あれだけ時間をかけて研修したのに、実務にまったく活かされていないことに愕然とした内田は、同社に正式に改善要望を出したりもした。だが、その後も、たいした変化は見られなかった。

グエン氏には、研修の意義を何度も説明したが、ピンときていないようだった。ベトナムは、東南アジアのなかでも勤勉な社員が多い国だと聞いていたが、やはり決められたことをきちんとやる文化は薄いのだろうか。東南アジア特有の「何とかなるさ」という空気感が強いのだろうか。やはり、異文化の人を動かすのは一筋縄ではいかないな、と諦めモードになりながらも、何とかしたいと孤軍奮闘した。しかし、やればやるほどディーラーとの関係は悪化するばかりで、空回りしていると感じるようになった。

それから、3カ月ほど経った頃だった。内田は、ベトナム全国からF社のディーラーが集まる会議に同席する機会を得た。ベトナムのマーケット需要は、毎年約30％以上の伸びを示しており、その成長ぶりに着目して、韓国や台湾、さらには欧州のメーカーも続々と参入している状況がリアルに報告された。

各ディーラーからは、急成長するマーケットへの対策として、口々に強い要請がF社に寄せられていた。

「迅速なデリバリー体制の構築」
「急増する補給部品の供給を実現するための在庫の確保」
「早急なメンテナンス要員の増員」

結局のところ、この成長市場の環境下では、最優先なのはモノとヒトの確保であり、その確保競争で少しでも競合に後れを取れば敗北を意味するのだ。悠長に最新のマーケティングのイロハなどやっている余裕などないことが、肌で感じられた。

会議の様子を目の当たりにして、内田は息を呑んだ。東京時代の上司から聞かされていた昔話が、頭のなかによみがえってきたからだ。

「俺が若い頃、日本はまさに右肩上がりの経済成長を続けていた。供給が追いつかないほど購買力が旺盛だった。だから、考えている暇なんかなく、ひたすらヒト・モノを確保して、スピード最優先で動いていた。見込みでどんどんオーダーを入れて、営業担当も迅速に動いて、必要なお金も、自分の判断でどんどん使う……それが当たり前だった」

内田には、その昔話が、今ベトナムにいる自分の目の前で起こっていることと重なって見えたのだ。内田は、自分の考えとグエン氏の考えがまったく嚙み合わなかったのは、文化の違いではないことに気づいた。

〈自分は、この国の置かれている状況を、きちんと理解していなかったのではないか？自分がやろうとした施策は、この国の現状に合っていなかったのではないか？〉

そう考えると、グエン氏の行動はすべて辻褄が合うことに、内田は思い至った。

＊

ビジネスパーソンとして、成熟期の日本しか経験していない内田からすると、成長期にあるベトナムのディーラーの動きは、「予測や計画がいい加減」「実施段階では計画通りに実行されない」「いくら教えても、やるべきことをやっていない」としか見えなかった。そして、この「いい加減さ」を、異文化に起因するものだと決めつけていたが、違いの発生源は、そこにはなかったという事例だ。

異国の地で、何か行動や考え方が合わないなと思ったら、最初から人を疑うのではなく、この「発展段階の違い」に目を向けてみてほしい。

②ビジネス領域の違いによる壁

では次に、②の「自分がカバーするビジネス領域の違いによる壁」について考えてみよう。同じ会社内でも部門が違うと「話が通じない」という経験のある人は多いのではないだろうか。営業やマーケティング、製造、研究開発といった、バリューチェーンのどの部分を担っているかは、ビジネスパーソンの考え方や行動に影響を及ぼす。海外勤務で急遽、これまで担当したことがない領域や商品を受け持つことになると、どんなことが起こるだろうか。事例で見ていこう。

海外事例

オランダ駐在員・久保が気づかなかったビジネスの違い

日系企業は、オランダやベルギーに欧州本社を置くことが多い。というのも、国として物流面や税制面での優遇があり、また、海外取引に慣れた人材が集まっているからである。久保の働くN社も、オランダの首都アムステルダムに欧州本社を置いている。久保は、半年にわたり、日本からの出張業務としてアムステルダムに入っていたが、今般、ついに本赴任することが決まった。今後は、これまで以上に、地に足をつけて本格的に事業拡大に邁進しようと決意を新たにしていた。

N社は欧州で、ITを駆使した管理業務アプリを日系企業に販売している。主な取引先は、日本でN社と取引のある企業の現地法人で、積極的にアプローチをかけていた。久保も出張中の半年間は、日本で担当していた顧客の欧州現地法人を積極的に訪問していた。その際、日本での実績や、日本と現地の双方に対応できるメリットなどを具体的に説明して、顧客をつかんでいった。営業相手は、主に、現地法人で管理系の業務に携わる日本人の駐在員だったので、日本語で、きめ細かなフォローアップができることも評価されていた。

本赴任後の久保は、これまでのBtoB向け案件のフォローに加えて、最近開発された個人事業主やスタートアップ企業向けの簡易版アプリの販売にも関与するようになった。さっそく販売計画を練りはじめたが、単価がかなり安いので、数を稼ぐ必要があった。

また、これまでは大手の日系企業の現地法人だけを相手にしていればよかったが、今回の簡易版アプリのターゲットは、現地の個人事業主やスタートアップのオーナーだ。そのため、現地の個人事業主に食い込むには、優秀な現地スタッフの力が不可欠だと判断した。そこで、BtoCの営業やマーケティングの経験を持つ現地スタッフを積極的に採用、登用して、体制を整えた。

新しく採用したオランダ人のカレンは、期待にこたえて動きも良く、見込み顧客の数も積み上げていった。次第に、顧客からの問い合わせも増えて、順調な滑り出しのように見えた。しかし、顧客からの問い合わせのなかには、サービスの内容をまったく理解しようとせず、アプリが動かないとか、期待したデータが取れないといったクレームも増えてきていた。こうした問い合わせに対してもっと手厚い対応が必要だとして、カレンから、人員を増員してほしいと久保に要請があった。

久保にしてみれば、ビジネスの立ち上げ段階で増員などできる余裕もない。自身の人件費に加えて、カレンを思い切って高額な給与で採用していた経緯もあり、収益的にはすでにかなり無理をしていた。さらに、ここで増員の話を切り出しても、上層部には、まず通らない。久保は内心、心穏やかではなかった。

「まったく、現地で採用した社員は呑気なものだ。忙しくなれば、すぐに人を採用してくれと簡単に言ってくるが、経営全般のことも考えてほしいものだ……」

そうこうしているうちに、カレンから、アプリを改良してほしいという要請が寄せられた。アプリがうまく動かないというユーザーからの苦情がひんぱんに来るのは、機能面に問題があるからだという。久保は、そんな苦情をにわかには信じられず、みずからアプリをチェックしてみたが、マニュアルに沿って操作すれば何ら問題ないことが確認された。カレンには、アプリには何も問題がないことを説明し、さらに、こうした理不尽なクレームが多いのは、カレンの顧客への説明が足りないからではないかと指摘した。しかし、カレンは逆に憤慨してこう言った。

「そもそも、こんな分かりにくいマニュアルを見なければ操作できないようなアプリなんて、だめですよ。こんなマニュアルは、私だって読む気がしない。久保さんは、いつも意思決定が遅すぎます。もっと物事を早く決めて、必要な投資を行い、スピーディーにマーケットとコミュニケーションを取るべきです。使い勝手の悪いサービスだと思われてしまったら、顧客はどんどん離れていきますよ」

久保にしてみれば、カレンがサービス内容をきちんと理解して、順序立てて顧客対応をしていれば、これほどのクレームにはならなかったはずだと言いたかった。それに、久保の意思決定が遅くなったのも、カレンの尻ぬぐいのために時間を取られていたからだ。それなのに、カレンは自分が迷惑をかけていることに何ら悪びれる様子もなく、逆に、久保のせいで仕事が進まないと言う。

自己主張ばかり強くて、何かうまくいかなくなると、すぐに他人に責任を押し付けてくる。久保は、欧米人のいつものパターンかと暗澹たる気持ちだった。こんなバカげたことは日本では絶対に起こらないだろう。欧米ではよくあることだと思いつつも、次第に「海外で仕事をするのは、本当に割に合わないな」と思うようになっていた。

＊

さて、この事例について、BtoCビジネスに明るい人は、どこに問題があるのか、すでにお分かりだろう。BtoCとBtoBでは、顧客への対応の仕方や、ビジネスの進め方はかなり違う。BtoBに比べて、BtoCでは、マニュアルをきちんと読み、取り扱い方を学んでからサービスを利用しようとする顧客は少ない。むしろ、手軽にさっと使えるものにしておかないとユーザーが離れていくのは、BtoCビジネスでは常識だ。久保がカレンに対して、「きちんと顧客に使い方の説明をしているのか？」と問いただす場面があったが、そういう次元の話ではないのだ。

また、BtoBに比べて、BtoCでは、数多くのユーザーにいち早くアプローチして、評判を作る必要がある。そのため、まずは筋の良い顧客をつかまえ、数が増えたら徐々に体制を整えるという B to B 的な発想をしても、B to C では機能しないことが多い。最初から、ある程度の投資を行い、人員を割いて仕組みを整えておかないと、数多くの顧客に対して、効率的なサービスを十分に提供することはできない。

この点についても、久保はカレンからの増員要請に対して、いとも簡単に否定してしまった。それどころか、「現地で採用した社員は呑気なものだ」と、カレンの人格に問題があるような捉え方をしている。しかし、B to C ビジネスのやり方を考えた場合、むしろ、カレンのほうが理に適って(かな)いたと言えるのだ。B to C に長く関わってきたカレンにしてみれば、きわめて当たり前の要望を出していただけなのである。

久保は長年にわたって、B to B ビジネスに携わってきた。そのため、B to C ビジネスの勘所を理解しないまま、オランダで新しいミッションに携わり、「取り違え」をしてしまったのだ。久保が直面した壁は、文化の違う者同士がいっしょに仕事をしたから起こったのではなく、B to B と B to C というビジネス領域の違いから発生していたことが分かるだろう。海外に来ると、日本にいたときよりも、広い領域の事業を担うことが多い。そのため、自分にとって、新しい仕事がどのような領域なのか、そして、どんな特性を持つのかをしっかりと理解しておくことが肝要となる。

③組織での役割の違いによる壁

③の「組織での役割の違いによる壁」は、特に多くの駐在員が経験するものだ。海外に来て、これまで日本では部下を持ったことのない人が、いきなり組織のマネジメントや部下育成を任されると、どのような状況に陥るのか？　そして、その困難さからリーダーとしての目が曇ってしまうと、どんな「取り違え」が起こるのかを、事例を見ながら体感していただきたい。

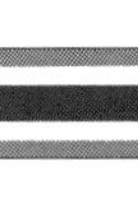

海外事例

タイ駐在員・井口の愚痴ばかりの日々

K社の井口は、成長市場であるアジアの新興マーケットで新規事業を立ち上げるため、タイに駐在してほぼ半年になる。海外展開をしている多くの企業は、国内マーケットの成長鈍化に対応するため、海外拠点発のビジネスを創り出すことを経営課題に掲げている。K社でも、現地発のビジネスを発掘しようと、駐在員にはプレッシャーがかかっていた。現地発の仕事を作るには、まず現地の市場や顧客に精通した社員を現地で採用することが欠かせない。そこでK社も、優秀な現地社員の採用や育成に力を入れはじめていた。

井口が駐在員として起用されたのは、これまで日本で、チーム一丸となって新規ビジネスを立ち上げてきた経験を買われてのことだ。初の海外駐在ではあったが、現地発の新規事業で結果を出すべく、強い達成意欲と当事者意識を持っていた。ところが、赴任して半年が過ぎる頃になると、当初の勢いがすっかり失われてしまった。というのも、ともに働く現地の社員が、まったく思うように動いてくれなかったからだ。こんな状態では、いつまでたっても成果など出やしないと、井口はすっかり意気消沈していた。

その一方で、自分や採用した人材の人件費、新規ビジネス開拓のための活動費だけは、毎月のようにかさんでいく。「いつになったら成果が出るのか？」と現地法人トップからのプレッシャーは日増しに強くなってゆく。最近では、日本人の同僚や現地で知りあった他社の仲間と話をするたびに、口から漏れるのは愚痴ばかりだ。

「誰も新規の採用を手伝ってくれず、こんなスタッフだけで仕事を作れというのが、そもそも無理なんだ……」

「現地の社員って、どうして何度も同じことを言わせるのかな？　何回説明しても、やり方を理解しない。少し考えれば分かることも、自分で考えようとしないし……」

「結局、当事者意識がない奴ばかりなんだよな……」

井口の悩みは、タイと日本の文化の違いであった。日本にいたときの自分は、上司から言われたことは、すぐに行動に移して進めることをつねに意識していた。分からないことがあればメモを取り、上司から何か言われる前に自ら確認を取り、仕事を覚えていった。周囲を見渡しても、それが上司と部下の関係として当たり前だし、ビジネスパーソンとして当然の行動だと考えていた。

しかし、現地社員にはそんなマインドはなく、まったく動いてくれない。現地の優秀な大学を出た人間を採用しているにもかかわらず、プライドばかり高くて、指示待ちの人材ばかり。トップ校の人材も、この程度のマインドセットなのか……。これが異文化で仕事をすることなのかと、ほぼ諦めの境地に達していた。

タイでの新規ビジネスがなかなか加速しないまま、お手上げ状態になった井口は、本社の出身部門に泣きついた。

「現地社員には、もう頼っていられない。駐在員でカバーしあって動くしかない」

そこで本社は、井口をサポートするために、長期出張のかたちで君島をタイへ派遣した。君島は、井口より先輩で、近隣の国に駐在していたが、駐在はこれで2度目であり、赴任先では既存ビジネスと新規ビジネスの両方のマネジメントを任されていた。

そんな君島が来てからというもの、井口のチームの状況は一変した。あれほど動かなかった現地社員が、少しずつ積極的に動くようになっていった。オフィスの雰囲気もよくなり、目に見えて活発に動くように変化していったのだ。井口は、なぜこうも簡単に状況が変わったのか、信じられない思いだった。ある日、勇気を出して、自分のプライドも捨てて、君島に聞いてみた。

「君島さんの下では、なぜ、皆、あんなに一所懸命になって動くのですか？　君島さんは、タイ人の心を摑むのが上手なんでしょうね。どうすれば、そんなことができるのか、秘密を教えてくださいよ」

すると、君島はこう言った。

「私は、これといって何も特別なことはやっていないよ。このオフィスのスタッフは全員、やる気があるし、協力的な社員が揃っているから、羨ましいくらいだ」

この答えに、井口は狐につままれたような気分になり、首をかしげた。

そんなある日のこと、井口はハッとさせられる場面に出くわした。君島が、ある現地社員と、ホワイトボードを使って議論をしていた。君島は、現場で生じている問題について現地社員に何度もしつこく問いただし、それをホワイトボードに書かせていた。さらに、この問題がどこで一番起こっているのかを詳細に尋ねていたのだ。

「最初に何をやったのか？」

「なぜ、そこで仕事が止まったのか？」

「なぜ、前回はうまくいったのに、今回はうまくいかなかったのか？」

「本当に同じ状況だったのか？」

さまざまな角度から質問を投げかけ、現地社員の記憶を呼び覚まそうとしていたのである。その現地社員は、必死になって思い出しながら君島の質問に答えていたが、結局、すべての質問には答えられず、「もう一度、お客様のところへ行って、確認してきます！」と言って、オフィスから出て行った。

それを見て、井口は思わず君島に声をかけた。

「君島さんって、すごいですね。タイ人に、そこまで徹底してやれるなんて。でも、そこまでやっていたら、時間がいくらあっても足りないんじゃないですか？」

それに対して、君島はこう答えた。

「そうかな？　僕がやっているのは、ふつうのことじゃないかな？　我々だって、入社したときは、どうしていいか右も左も分からず、上司から何度も何度も教わって、分かるようになるまで徹底的にやったじゃないか。それで少しずつできるようになったわけで、それと同じことを、ここでやっているだけだよ。我々に比べたら、タイの現地社員のほうが、よっぽど飲み込みが早いかもしれないぞ。彼らだって、英語は第二言語であるにもかかわらず、お前のその下手な英語での説明を聞いて、何とか見よう見まねで動いているんだから……」

井口は、この君島の最後の言葉が今でも耳に残っている。その通りかもしれない。

社内では、会社のことや、ビジネスのことなど、ほとんどの情報は、タイ人スタッフには分からない日本語で流されている。そのため、現地スタッフが自分の仕事を進めるうえで、背景をきちんと理解することは困難だろう。極端に言えば、暗闇のなかで、これをこうしろ、あれをああしろと言われているようなものかもしれない。

そんな状況にもかかわらず、日本で、日本人の上司が、日本人の部下に教えるときのように、丁寧に粘り強く、1つひとつ伝えていないのであれば、うまくいかないのも当然だ。そうなれば、やる気もどんどん失せていくだろう。それを自分は、ばっさり文化の違いだと切り捨ててしまい、1人でイライラしていたのでは、リーダー失格じゃないかと、井口は肝に銘じたのである。

＊

この事例は、海外の組織で物事がうまく進まないと、その国の特殊事情だと思い込んでしまう好例だ。実際には、日本の組織でも同じような問題が起こっており、解決のためには、国内外を問わず、多大な労力が投入されていることはよくある。

むしろ、日本でのほうが、よりいっそう組織として手間をかけていることも多い。しかし、日本でのマネジメント経験がなく、すなわち一定規模の組織における上司として、部下を抱えて苦労した経験がないまま、いきなり海外に来てしまうと、何でこんなに手間がかかるのだろうかと感じてしまいがちだ。

また、同じような手間がかかったとしても、日本人との場合と、現地の外国人との場合とでは、受け止め方が違ってしまうことはないだろうか。日本では、手を変え品を変え、根気強くやろうとするのに、現地では、少し試して結果が出ないと、すぐに海外での特殊事情のせいにして諦めてしまうケースは多い。

本来ならば、母語が違う現地の社員に対してのほうが、より丁寧に時間をかける必要があるはずだ。この壁は、現地の至るところでよく目にするので、井口のように「これだから○○人は……」と感じたら、まずは自分をよく振り返ってみてほしい。

④文化の違いによる壁

これまで見てきたように、文化以外の要素が大きな阻害要因になっている場合であるにもかかわらず、私たちには、文化の違いにその原因を求めてしまう思考癖がある。

それを踏まえたうえで、「それぞれの文化の違いによる壁」に起因する困難も、実際の現場では多くある。ここで注意したいのは、ひと口に「文化の違い」といっても、さまざまな要因があることだ。すなわち、文化の違いを、国の違いだけに求めすぎないことである。とかく海外で異文化というと、「アメリカは」「イランは」「中国は」「タイは」……といったように、国の違いに目がいきがちだ。しかし実際は、「国の違い」だけでなく、「世代の違い」「ジェンダーの違い」「宗教的な違い」「働き方の違い」「受けてきた教育の違い」もまた「文化の違い」であり、問題に与える影響は、「国」以外のほうが大きいこともある。

ダイバーシティ（多様性）には、「表層的なダイバーシティ」と「深層的なダイバーシティ」

の2つがあることをご存じだろうか。

表層的なダイバーシティとは、人口統計に表れる属性や、社会的なカテゴリーなど、表面的に認識することができるものをいう。たとえば、性別、年齢、人種、民族、国民性など。深層的なダイバーシティとは、明らかに判別可能なものではなく、外部からは認識しにくいものをいう。たとえば、働き方、価値観、態度、嗜好、信条、教育、地理的な立地、習慣、支持政党など。

文化の違いについても、国民性の違いなど、表面的な違いにあまり目を奪われすぎないようにしたい。それよりは、「深層的な違いに起因しているのではないか？」という「問い」を持つことが大事だ。すなわち、「文化的な背景は、どこから来ているのか？」をきちんと見極めるのだ。

なお、異文化理解の詳細については、本書ではあまり触れないこととする。異文化に関する専門的な研究書は数多くあり、詳細はそれらを参照いただきたい。この分野の書籍は学術的な視点を中心にしたものが多いなかで、ビジネスパーソンにお勧めなのは、エリン・メイヤーの『異文化理解力』*だ。この本は、評価やリーダーシップなど、文化の違いが生まれやすい「8つのマネジメント領域」に沿って解説しており、実践的な内容になっている。私も実際の仕事で活用している。


*『異文化理解力――相手と自分の真意がわかる ビジネスパーソン必須の教養』エリン・メイヤー著、田岡恵監修、樋口武志訳、英治出版、2015年

4つの壁を乗り越えるには

ここまで、日本人が海外で仕事をするうえでの4つの壁を見てきた。この章で見てきたような、問題の「取り違え」は、なぜ起こるのだろうか？　それは、つまるところ、それぞれの壁をきちんと読み解くための知識やスキルが不足しているからだ。たとえば、経済発展の違いを読み解くには、発展段階ごとにビジネスがどう変遷していくのかといった知識や、その国の状況を見極める視点が必要になる。ビジネス領域の違いを読み解くには、さまざまなビジネスモデルを理解し、事業全体を捉える力が必要だろう。つまり、海外で特に求められる「ビジネススキル」を身に付けておかねばならない。

また、組織での役割が変わり、かつ文化の違いもある海外の現場で、事業の全体像を見ながら組織を引っ張る立場として、現地の人々や取引先を巻き込むには、それにふさわしい「リーダーシップ」も必要となってくる。

さらに、「ビジネススキル」や「リーダーシップ」を継続的にみがいていくうえで、その第一歩となるのは、「自己理解」であることを強調しておきたい。関係性を築くには、まずは相手に自分のことを説明できなくてはならない。そして、相手と自己の相対評価ができるかどうかが、相手を知るための第一歩になるからだ。

では、次章から3つの章にわたって、

- 自己理解　（第3章）
- ビジネススキル　（第4章）
- リーダーシップ　（第5章）

という観点で、海外で求められる能力とは何かを明らかにしていきたい。お気づきのとおり、この3つそれぞれで何冊も本があるような奥深いテーマだ。本書では、特に海外で起こりやすい問題やその解決方法という観点で、ポイントを絞って語っている。より深く学びたい方は、巻末におすすめの書籍リストがあるので、さらなる学びに役立てていただきたい。

それぞれの章では、典型的な失敗事例を紹介することからはじめ、その失敗の要因を解き明かしたうえで、壁を乗り越えるためのポイントを紹介していく。まずは、あなた自身が、事例の主人公になったつもりで読み進めてほしい。

3 世界で活躍する人ほど、「自己理解」を大切にしている

自社のこと、説明できますか？

海外に出て意外な盲点となるのが、自社に関する理解不足だ。海外では、どうしても日本とは勝手の違う顧客や現地のパートナー（提携）企業のことに意識がいく。それはまちがったことではないが、そのことばかりにとらわれて海外で顧客訪問をしたり、パートナー企業の候補先と面談をしたりすると、どんなことが起こるのか。まずは体感いただきたい。

海外事例

ドバイ出張で、若手のエース・中山は、なぜ失敗したのか？

D社は、医療機器などの製造販売を行う中堅クラスの企業だ。現在、アフリカ諸国への展開を検討している。人口の増加と、生活水準の大幅な改善が見込まれているからだ。そこで、アフリカ展開の先駆けとして、アラブ首長国連邦やカタールなど、中東の中継拠点(ハブ)候補の国に足がかりを求めていた。事業の特性上、現地では、患者や医療関係者に密着した機器販売後の優良なアフターサービスの提供が要求される。そうしたサービスを高い水準で行うことができる現地の優れたパートナー企業なしには、この事業は成立しない。したがってD社は、現地の有力企業を訪問して調査を進めることにした。

さっそく、海外事業企画部の若手のエースである中山に白羽の矢が立った。彼は、パートナー企業を選定するための責任者に任命されたのである。中山は、一刻も早く現地に飛んで、状況を把握する必要があると判断し、中東諸国への出張を手配した。

貴重な出張の機会を実りあるものにすべく、出発に先だって、中山は入念な準備に取りかかった。「現地のマーケット情報」「各国の商習慣や宗教、文化、生活習慣」などを念入りに調べ上げ、過去の駐在経験者からもヒアリングをおこなった。パートナーにふさわしい候補企業を絞り込み、面談時のインタビュー項目も洗い出し、意気揚々と出張に臨んだ。優秀な中山は、こうした下準備を万全に進めていたのである。

中東諸国における最も重要な拠点候補として、アラブ首長国連邦が選ばれていた。インフラが整っていること、周辺国へのアクセスの良さなどが理由だった。そこでまず、パートナーとして有力な候補にあがっていた在ドバイの財閥企業を訪問することになった。訪問先の担当者とは、事前に日本から何度もやり取りをしていたこともあり、初日から中山の訪問を歓待してくれた。

先方の担当者は、イギリスでＭＢＡを取得しており、きわめて有能な参謀タイプだった。外国企業とのやり取りにも慣れており、事前に中山が送っていた質問事項に対しても、すでに回答や資料も準備されていた。中山が到着するや懇切丁寧に内容を説明してくれて、その中身はＤ社に大変好意的なものとなっていた。中山は過去に海外留学の経験はあったが、本格的なビジネスを海外で行うのは初めてだった。そのため、期待と不安が入り混じっての出張であったが、ドバイでは訪問初日から大きな手応えを感じることができたので、胸をなでおろした。

他社との打ち合わせも順調に進んでいた、ある日のこと。先日会った担当者から、こんな申し出があった。

「今日は、たまたま幹部クラスが何名かオフィスにいるようなので、時間が合えば、中山さんをぜひ引き合わせたいと思っているのですが」

そこで急遽、先方の幹部クラスとの面談が組まれた。通常、中近東の財閥企業の幹部となると、Ｄ社クラスの中堅企業であれば、トップや役員クラスが出向かないと、面会の機会を得るのはかなり難しい。

今回のように、中山のような担当者レベルが会えるというのは稀である。先方の担当者が、それだけ幹部からも信頼された人物であることの証しだといえる。中山自身も、この機会にパートナー企業の幹部に自分の顔と名前を覚えてもらえば、メリットが大きいと踏んだ。内心、「これは、いい流れになってきたな」と手応えを感じていた。まだ残っていた日本からの土産を携えて、幹部との面談に臨んだ。

中近東をはじめとする新興国では、財閥企業の幹部クラスは、欧米で教育を受けたエリート人材が多く、なかなか手強い。かつての日本のように、大企業の幹部にありがちな表敬訪問の空気はみじんもない。この企業でも、幹部クラスはきわめて流暢な英語を話し、やつぎばやに質問を浴びせかけてきた。

「D社の品質保証の仕組みについて、説明してほしい」

「D社の研究開発の基本ポリシーは何か？」

「他国のユーザーは、特にD社のどんな点に対して高い評価を下しているのか、具体的に説明してもらえないか？」

単刀直入、しかも本質的な質問が飛んできた。中山は、これらの質問に対して、なんら具体的な説明ができなかった。「わが社は、きわめて品質を重視した開発ポリシーを持っています」とか、「わが社の高い安全性は、海外でも高い評価を得ています」といった、ありきたりで抽象的な回答に終始せざるを得なかった。

そもそも入社以来、営業企画畑ひとすじで来たため、これまでも顧客との技術的なやり取りは技術部門に対応してもらってきたのだ。そんな経緯もあり、中山自身は、技術やサービスに関して、ふだんからそれほど深く精通しているわけではなかった。中山は、自分がしどろもどろになっており、その要領を得ない回答に、先方の幹部の顔が曇りはじめているのを感じ取っていた。

先方の幹部は、自社の事業の発展に関わる大事なパートナーの選定なので、真剣そのものだ。中山の様子などお構いなしに、さらに突っ込んだ質問を畳みかけてくる。

「D社の競争力の源泉は、どこにあると思うか？　製品の品質の高さは、どこから来ているのか？　競合他社に比べて、最も差別化ができているポイントは何か？　その差別化には、持続性があるといえるのか？」

焦った中山は、ますます混乱してしまい、ほとんどまともに答えることができなかった。最後に、先方の経営メンバーのなかで最も風格のある人物から、

「D社が海外展開をするうえで、最も大事にしている考え方、理念は何かを、ぜひお聞かせいただきたい」

と聞かれたとき、中山はすっかり意気消沈し、惨敗感にまみれていた。

後日、中山が面談で答えられなかった質問に対する回答を、別の担当者が改めて準備して再訪したが、これといった進展は得られなかった。

中山はといえば、幹部とのミーティングのあと、あまりの不甲斐なさに打ちひしがれていた。自分が予想していた表敬訪問のようなものとはまったく違った展開となったこと、そして、自分は自社について何ひとつまともに語ることができなかったことに、大きなショックを受けた。日本を出発する前にしていた準備は、的外れとは言わないまでも、まったく不十分であったことを思い知らされたのだった。

*

海外の市場に参入してビジネスを展開するためには、その国や地域で有力なパートナーを発掘し、そのパートナーと、いかに良好な協業関係を構築できるかが鍵となる。一般的に、一国の市場で他国の企業が単独で事業を拡大するのには限界があるからだ。現地の事情やニーズを深く理解し、人脈を持っている現地のパートナーは欠かせない。有力なパートナー候補には、自社だけでなく、当然多くの企業がアプローチする。中山が幹部たちの質問に答えられなかったことは、大きな痛手と言えるだろう。

国内では意外と見ていない自社のこと

さて、中山の事例から、私たちは何を学ぶべきだろうか？

海外へ行くときに、その国の事情やマーケットを理解するのは、とても大切だ。相手を理解することなく、ビジネスを進めることはできない。私自身も、特に最初の駐在地であったイランへ行くときには、イスラムの文化や生活習慣、経済状況や産業、そして、顧客に関する情報の整理や解釈などに多くの時間を費やした。

しかし、実際に海外の現場に行くと、もっと別のことも求められる。もちろん、現地の基本情報はきちんと頭に入れておく必要はあるが、客先や協業先企業で語らねばならないこととは何か？　その大半は、中山の事例で見たように、**圧倒的に自社のこと、自分自身のこと**なのだ。事例で紹介したパートナー企業探しのみならず、現地における人材の採用、ブランディング、ＰＲ戦略でも、まったく同様のことが言えるだろう。

このことは、逆の立場に身を置いてみればよく分かるだろう。仮にあなたが日本にいて、海外の企業が売り込みに来たとしよう。そのとき、あなたは、どんなことが気になるだろうか？

それは、「その企業が、どんなスタンスで仕事をしているか」「競争優位は、どんなところにあるのか」「その競争優位の源泉は、どのように作られているのか」、さらには「目の前にいるその人は、いったいどんな人物なのか」といったことだろう。まちがっても、あなたは目の前にいる外国人から、日本のことに関する説明など聞きたいとは思わないはずだ。もちろん、自国のことを理解してくれているのは評価に値するが、だからと言って、それだけが取引の決め手になるわけではない。

このように、ちょっと考えてみれば、海外で必要とされているのは、自社の魅力をいかに具体的に、説得力あふれる言葉で語れるかだと分かる。しかし、私が数多くの現場で目にしてきた経験からいえば、自社の強みやその源泉をきちんと理解し、初対面の人にも分かりやすく説明できる人は驚くほど少ないのが実情だ。

ためしに、自問自答してみてほしい。

「自分は、どれだけ自社のことを理解しているか？」

「自分は、自社の魅力、強み、ユニークさを、きちんと説明できるのか？」

この問いに対して、自信を持って「説明できます」と言える人は少ないのではないだろうか。ましてや、企業理念や企業哲学について、自身の体験に基づいて言葉にできる人は、さらに限られる。自社や自身について常日頃から向き合い、自分の言葉に落とし込んでおくことが求められるのだ。

かくいう私自身も、この難しさに直面した経験を持っている。今、私が所属しているグロービスは、国内では圧倒的な規模を誇るビジネススクールとなっているが、海外の規模はまだまだ小さい。事実、上海やシンガポールにグロービスの事業を展開しようとした当初に感じた難しさは、日系企業の社員であっても、特に現地で採用されたローカルスタッフはグロービスのことをよく知らないし、ましてや、地場の企業にはまったくと言っていいほど知られていなかったことだ。あるとき、次のような厳しい問いを現地採用の人事部長から浴びせられたことがある。

「現地にも教育機関が数あるなかで、なぜ、わざわざ日本の学校、日本の企業から教育を受ける必要があるのか?」

要するに「Why Globis?」を徹底的に問われるのだ。その問いに対する答えのなかで、求められる具体性やユニークさは、日本でやっていたときよりもはるかにハードルの高いものだった。どこか他の学校でも言っているような内容では、まったく響かない。「わざわざ、グロービスに頼む必要はない」という話になってしまう。

ただし、商社時代の経験と比べれば、グロービスは、教育という無形のサービスを提供しているため、ビジネスモデル上、自社の価値をきちんと言語化する必要性に迫られている。したがって、日本においても常日頃から、次のように自問自答し、徹底的に議論するカルチャーは育まれていた。

「グロービスの価値は何か?」

「価値を創り上げるうえで、我々の強みの源泉は、どこにあるのか?」

「そのために、我々がやるべきことは何か?」

こうした日々の経験が、海外へ出たときに自身を語るという意味でのハードルを下げる効果はあったように感じている。

一般論として、国内で比較的シェアが高く地位も強固な一方で、全社の海外売上比率が低く、海外市場でのシェアも低い企業の社員にとっては、「海外で自社を語る」ことのハードルが高くなる。

この手の企業の社員が、日々、国内で置かれている環境を具体的にあげてみよう。

1　国内では、自社のことを顧客や提携企業に説明する必要が少ない。社名を言えば、それ以上詳しく説明する必要がほとんどなかったりする。下手をすると、社外の人のほうが自社をよく知っている場合もあるくらいだ。

2　自社の製品は、国内では十分な競争力があるため、改めて自社製品の特長や価値、強みとなっている部分を詳細に説明する必要が少ない。また、広告宣伝も十分になされ認知されているので、多くの人がすでに製品の存在や「ウリ」をよく知っている。

3　国内で十分に通用しているので、社員の意識としても、日本で売れている製品をそのまま海外へ持っていけばうまくいくと信じてしまいやすい。海外のニーズに合わせようと思っていたとしても、日本での感覚が染みついていることにより、海外ではシェアが低いにもかかわらず、国内と同じ方法で売り出してしまいがちだ。

4　利益面で海外ビジネスが全社へおよぼす貢献度が低いと、海外からの顧客の声や、海外を担当する部門の声は、収益の大半を担う国内部門にかき消されてしまいがちだ。その結果、海外の現場感がなかなか社内に伝わらない。

こうした環境で長年過ごしていると、自社のことをきちんと言語化する必要性は低く、その機会にもほとんど恵まれない。そんな状況にいる人が、いざ海外で、自社や自社の製品・サービスについて聞かれても、なかなかうまく説明できないのは当然だろう。

ここで、みなさんにもお馴染みの、日用品の製造販売を手がける3つの企業を例にあげて考えてみよう。「ユニ・チャーム」「マンダム」「花王」の3社だ。

ちなみに、この3社の海外売上比率は、（おおよその数字で）ユニ・チャームが60％、マンダムが45％、花王が35％だ。3社のなかで、規模が大きくて商品のラインアップも多く、日本における知名度が最も高いのは花王だといっていいと思うが、花王の海外売上比率は35％ほどしかない。つまり、圧倒的な収益基盤は日本市場にある。事実、花王は、国内のトイレタリー市場ではシェア1位、国内の化粧品市場では、カネボウを買収していることもあり、シェア2位だ。それ以外にも、多くの領域で圧倒的な国内シェアを持っている。しかし、国内1位のトイレタリーも、グローバルランキングでは第9位に甘んじている。

たとえば、あなたが花王の社員だったとして、「花王」という社名やブランド名を使わずに、自社や自社製品、その強みや特長について、海外で説明せねばならなくなったときのことを想像してほしい。おそらく、先に述べた1～4の理由から、決して簡単にはいかないことが実感できるのではないだろうか。

ちなみに、海外売上比率が60%を誇るユニ・チャームでは、エース級の人材を意図的に、海外へ長期にわたって派遣し、海外市場でのポジションをしっかり築いている。

また、マンダムも、海外の中間所得層にフォーカスして、現地における固有のニーズにしっかりと向き合い、自社の海外での価値提供の在り方に熱心に取り組んでいる企業として有名だ。

実際に、私が企業研修を引き受けているさまざまな業界の方々を見ていると、日本で認知度の高いモノやサービスを提供している有名企業の社員ほど、海外へ出たときに、その壁に苦しみ、苦労されている様子がうかがえる。ぜひ、自分たちのことをまったく知らない人に、自社や自身を語る練習をしてほしい。自社や自身を、どんなふうに説明すればよいか、きちんとイメージしておけば、いざというときに力を発揮できるはずだ。

「自分自身」を理解することの重要性

自社を深く理解することは、海外でビジネスを推進するうえできわめて大事であることを感じていただけたかと思う。海外でのビジネスではさらに、会社としてだけではなく、個人としても取引相手とパートナーシップを深めなければ、事業を円滑に進めることはできない。「個」として自分自身を理解し、そして、相手に伝える必要があるのだ。

ここで、自社の理解に加えて、個人としての自分自身への理解が、海外でのリーダーの行動に、どう活かされるのかを見ていこう。

タイで、初の内視鏡の医療トレーニングセンターの立ち上げに深くかかわった、オリンパス・アジアパシフィック（当時）の山田貴陽氏の話*を紹介したい。

まだ開腹手術が主流の東南アジアで、高い技術を求められる最先端の内視鏡手術を普及させるのは容易ではなかったが、山田氏は見事にそのプロジェクトを成功に導いた。私が彼に「海外で新たに価値を創造するために必要なことは何か？」と問いかけたところ、次のような答えが返ってきた。

「自分の限界を知ることとだ。それが人を巻き込む武器になる」

国内営業からキャリアをスタートさせた山田氏は、若い頃は何でも自分でやり切りたい

＊「自らの限界を知ることで周囲を巻き込むリーダーになる――新興国の内視鏡普及に挑戦するオリンパス山田貴陽氏」（GLOBIS知見録、2018年4月25日）
https://globis.jp/article/6342

という意識が強すぎて、逆に壁にぶち当たることが多く、自分の思い通りにならないことも多かった。そして、海外のビジネスを担当するようになると、あからさまに自分の限界を感じざるをえなくなったという。

海外から来るさまざまな新しいビジネスの案件や解決すべき問題を前にして、これまでの経験や日本の常識だけでは、とうてい太刀打ちできないと思い知らされた。海外の案件は、日本の案件よりも、ビジネス環境や課題の「不確実性」が圧倒的に高かった。不確実性の高いなかで仕事を進めようとすると、否が応でも、自分個人の力だけではどうにもならないことが現実問題として突きつけられる。

さらに、自分の能力の何を活かすことができ、何が足りないのかさえも見当がつかなかった。海外で仕事をすると、人材の多様性も高く、エッジが立って異彩を放つ人に出会う機会も多いので、自身の未熟さを痛感する。どうすれば、海外で目覚ましい活躍をしているビジネスリーダーや、先輩社員のようになれるのかと思い悩み、必死に勉強して経験も積んだ。

特に大きな気づきを得たのは、製薬会社に出向したときのことだ。同じ医療の世界を、違う角度から見ることになった。さらに、出向から自社に戻ったあとは、タイや香港に駐在し、今度は現地の視点で医療について考える機会を得た。こうして、さまざまな角度から世界を見ることで、山田氏は、自分の限界を前向きに受け入れるようになっていった。

タイでの山田氏は、医療機器メーカーの社員として、医療機器の販売の知識やノウハウに関しては十分な「力」を持っていた。また、現地の医師を含む医療関係者と、広汎な「ネットワーク」も持っていた。医療業界を管轄する日本政府や現地の政府関係者とも、それなりに「ネットワーク」を広げていた。

しかし、医療という公的サービスの世界で、内視鏡手術という新たな治療方法を普及させていくためには、現地の医師会や現地政府を「動かす力」が必要となる。その「力」を山田氏は持ち得ていなかった。これが自分の限界だと認識した。限界を受け入れると、「では、自分の価値は何なのか?」という問いが生まれる。自らに問うことで、次に何をすべきかがおのずと見えてきた。

山田氏は、自分には「動かせない」人たちを「動かすための施策」をとことん追求することにしたという。つまり、関係者が動きやすい環境を作ることだ。たとえば、タイの日本商工会に医薬・医療部会を立ち上げ、その部会を通じて内視鏡を普及させようと試みた。部会のアドバイザリーボードには、日本大使館にも加わってもらい、部会から現地の医師会にアプローチした。一企業ではなく、産学官のオフィシャルな枠組みを作ることで、大使館や医師会が動きやすくなる環境を作ったのだ。

その過程で、タイの医師会とベトナムの医師会の横の連携がほとんどないことが見えてきた。そこで、その双方にネットワークを持っていた山田氏が、橋渡しを買って出た。自分の限界だけでなく、パートナーの限界は何かもきちんとつかみ、win-win の関係を作ったのである。こうした経験から、山田氏は「日本でやってきたことを現地で実現するための管理型の人材はもう不要だ。これからは、海外の優秀な人材と、いかにパートナーシップが組めるかが問われている」ことに気づいたのだという。

自分の限界を知ることで、逆に自分の価値を認識できるようになる。そして、自身のやるべきことが定まれば、周囲の力を借りるのも容易になる。山田氏はこう述べている。

「どんなにテクノロジーが進化しても、人間理解はつねに求められる。すなわち、**周囲を巻き込むリーダーは、己の限界を知り、己の価値と周囲に求める価値を明確に定義すべきだ**」

まずは己を知ることが重要なのだと。今では、海外勤務を通じて身に付けた「シミュレーションする力」や「とことん考え抜く力」が、経営に携わるうえでの大きな財産になっているという。

海外で活躍する人の多くは、山田氏と同じような感覚を持っている。逆に言うと、海外だからこそ、自分の限界に気づくことができるのだ。前章で紹介した「4つの壁」に見られるように、海外に来ると、自分のカバーすべきビジネス領域が広がったり、日本にいたときより上位の役割に就いたりすることが多いため、自分には何ができて、何ができないのかといった限界を、いやでも知ることになる。

ただここで、日本にいたときのビジネスのやり方に固執したり、役割が変わったことを受け入れずに「海外だから仕方ない」と言い訳したりすれば、自分の限界と向き合うことはできない。得てして日本で活躍して海外へ来た人ほど、プライドが邪魔して、新しい環境になじむ努力ができない場合も多い。また、たとえ自己認識ができたとしても、必ずしも、誰もが山田氏のように自己変革を成し遂げられるとは限らない。

本章の冒頭で紹介したD社の事例は、自己理解の不足による典型的な失敗例だった。自社や自身に対する理解が不十分だと、きわめて曖昧な議論に終始してしまう。もし、D社の中山氏が、自社や自分自身のことをもっときちんと理解していたら、「他国のユーザーは、D社のどんな点に対して評価が高いのか?」といった質問に、即答できたのではないだろうか。たとえば、こんなふうに。

「安全性の高さです。特に海外から評価されているのは、安全性に対するこだわりの強さです。実は、D社は過去に海外で大きな事故を起こしています。日本での品質基準をそのまま海外に持ち込んだため、現地の実態に合わないものを出してしまったのです。それからその事故の反省を活かして、日本の製品をそのまま現地で使うことを戒め、つねに、現地の実情に合わせた品質基準や安全基準は何かを問いつづけ、決して日本目線での安全策で終わらせていないところが、海外で評価されています」

この説明にさらに、中山氏個人の想いの深さや、原体験などを重ね合わせることができれば、より強い信頼感を相手にもたらすことができるだろう。

ここまで、自社理解、自己認識の重要性に関して述べてきた。自社と自分自身の理解は、海外で仕事をするときの出発点でもあり、また仕事や人生を通して深めながら「自分の軸」を確立していくことにも通じている。どうやって軸を確立するかについては、第6章で詳しく述べる。なお、私自身がいつも心に留め、自問している「理解を深める問い」を、次頁の図2にまとめたので、ぜひ参考にしていただきたい。

図2 理解を深める問い

自社についての理解を深める問い

- 自社の企業理念で、最も大事なキーワードは何か?
- 自社の企業理念は、どのような歴史や経緯を経て定められたのかを理解しているか? そのストーリーを、自分の言葉で他者に語ることができるか?
- 自社が持つ競争力を、具体的な例をあげて、自分の言葉で説明できるか? その競争力は、どのようにして培われたのか?
- 自社の強みを維持・強化するために、継続すべきことは何か? そのために必要な仕組みや、人材の強化策は何か?

自分についての理解を深める問い

- 今の仕事や役割において、何が自分の強みだといえるか? その強みは、どのような経験を経て、培われたのか?
- 今後、自身の進みたい方向へ向けて、さらに強化すべき強みは何か? その強みは、どうすれば強化できるか?
- 逆に、弱みは何か? その弱みを克服するためには、どのような助けが必要か? そのとき求められる協力者は、どんな経験や強みを持った人物か?

4 本質を見極めるために、これだけは押さえておきたいビジネススキル

海外で陥りやすい罠とは？

この章では、海外で仕事をするうえで、特に必要となるスキルを見ていきたい。まずは、スキル不足だとどんな罠に陥ってしまうのか、どんな不都合が起こるのかを表した事例を見ていこう。

海外事例

ベルギー欧州本社で大島が、仕事の波のなかで見誤ったもの

ベルギーのブリュッセルは、EUやNATOの本部があり、「ヨーロッパの中心」都市だ。総合商社のT社は、そのブリュッセルに欧州本社を置き、ヨーロッパから中近東・北アフリカまで、幅広い地域で事業を展開していた。「欧州内での、さまざまな事

業開発や新規投資の推進」「中東やアフリカ各国の情報収集」「各国の前線に展開している営業部隊に対して、人事や財務、審査、ロジスティクス、ITなどの機能を提供」しながら、地域全体のビジネスを支援していた。

ブリュッセルのオフィスには、日本本社の役員も兼務する欧州統括役員が常駐し、多彩な分野のスペシャリストたちも集まっている。ブリュッセルに赴任して半年の大島は、主に機械関係の新規事業の開拓や新規の投資案件の発掘・案件化が任務だった。社内外の専門家集団を巻き込みながら、営業部門の最前線とも情報交換や連携をおこない、日本本社との連携も求められる仕事である。

さらに、現地社員を育成し戦力化することも、大島のミッションの1つだ。T社では、海外拠点の現地化を促進することが中期計画の柱の1つになっており、駐在員に依存する構造からの脱却を目指していた。そんな状況のなかで、大島は、ベルギーの豊かな文化や自然を堪能する余裕もなく、連日連夜、業務に追われていた。

大島は、多忙を極めるなかでも、精力的に数々の業務をこなしていた。また、多くの案件を抱えていたにもかかわらず、現地スタッフへの目配りも忘れず、彼らの悩みや不満にも耳を傾けていた。ときには、別の部署のスタッフからも、人間関係に関するさまざまな悩み相談を受けることもあったほどだ。

ある日、2人の現地スタッフから大島に相談が寄せられた。2人はそれぞれ異なる部門に属していたが、その2つの部門が、同じ顧客に営業をかけてしまったという。そのため、客先から「同じ会社なのに、2つの部門からアプローチされても効率が悪いし、混乱を招くので、何とかしてほしい」と苦情が来たのだ。

既存の顧客との良好な関係を維持して発展させていくのは、収益源の確保という意味でも重要だ。この手の問題が他でも頻発する前に、今のうちに手を打っておくべきだと大島は感じた。さっそく、他の部門に問い合わせてみると、やはり同様の問題が起こっていることが判明した。

大島は、3つの案件を同時に進めており、多忙を極めていたが、この問題は今すぐ解決すべきであり、自分がやるしかないと腹をくくった。まずは、各部門から問題意識が高そうなメンバーを口説いて、現状の分析や問題の共有を行い、どうすれば解決できるか策を練った。

1カ月後、解決策がある程度見えてきたと踏んだ大島は、この問題を欧州本社の全社会議で共有することにした。解決策には、顧客の状況を見える化するためのデータベースの構築や、社員が情報共有を円滑に進めるための社内研修などがあった。これを実現するには部門横断の取り組みが必要になるため、この会議で幹部の了解を取り付けておきたかった。

大島の発表を聞いた参加者の反応は、おおむね前向きなものだった。同じ問題意識を持っている人がいたことに、大島は安堵しかけていた。そのとき、それまでずっと沈黙していた欧州本社の副社長が口を開いた。

「大島さん、その課題は、今、取り上げるべき課題ですか？　欧州本社が限られたリソースのなかで優先して取り組むべきことでしょうか？」

その言葉に、大島は虚を突かれた。副社長は続けた。

「確かに、1つのお客さんに複数の部門からアプローチをかけることは、あまりいい状況とは言えません。しかし、この問題で、実際に会社全体として、どの程度の非効率が起こっていますか？　ほかに数多くの戦略上の課題があるなかで、この問題の大きさはどの程度だと考えましたか？」

「全社的にも部門間の連携が叫ばれているので、欧州でも部門間の連携を深めれば、複数の部門から重複して顧客にアプローチすることもなくなり、顧客からのクレームも減ります。結果、現場の負荷も下がるので、重要な課題と捉えています」

大島がそう答えると、他の参加メンバーから、こんな発言が飛び出した。

「一社に複数の部署からアプローチをするのは問題かもしれないが、他社も似たような状況だと思うよ。お客さんのほうも、最終的には受け入れているようだし、許容範囲じゃないか。それに、各部門で取り扱っている商品も違うから、ビジネスモデルが大きく違う場合は、ワンストップで対応すると、かえって効率が悪くなることだってある。結果的に、顧客に迷惑をかけることになってしまう。クレームをいただいたお客様には個別に対応することにしても、全社で大きく対応を変えるべきことでもないのでは？」

そこで、ふたたび副社長が発言した。

「欧州会社の現状を俯瞰してみてください。今最も必要とされていることは何ですか？その問いに立ち返ってみて、何に時間を割くべきなのか、もう一度よく考えていただきたい」

ここで引き下がれば、骨を折ってきたこの1カ月の努力が徒労に終わると思い、大島は食い下がった。

「ですが、遅かれ早かれ、データベースへの投資や、社員のナレッジ・マネジメント力の向上は必須となるはずです。これはこれで、進めさせてほしいと思いますが……」

すると、副社長から思わぬ質問が飛んだ。

「ところで、大島さんが主担当の、例のイスラエルのA社ですが、提携準備は進んでいますか？　時間がかかりすぎていませんか？」

「それは……申しわけありません。急ぎ進めようとしていますが、それ以外にも新規開拓の案件がいくつかあり、また、先方とのアポの調整にも時間がかかっていて……」

大島が言い訳に終始していると、副社長が畳みかけてきた。

「社内に余裕があれば、大島さんの提案を検討してもいいでしょう。でも、これまでのビジネスモデルが時代の変化に合わなくなり、縮小に向かっている商社業界の状況をどう見ていますか。既存の取引先との課題が気になるのは分かりますが、今はどれだけ迅速に新しいビジネスモデルを構築できるか、それをもっと考えるべきではないですか？われわれが、最優先で取り組むべきは、イスラエルや北欧の新しいパートナーとの提携戦略に限られたリソースを投入し、新規開拓を進めることです。つまり、欧州発の新規ビジネスを、どれだけ増やすことができるか。ここ数年、欧州会社の財務状況がどう推移しているかを見れば、最重要テーマが何かは明らかでしょう。大島さん、ここは海外の最前線を指揮する場所なんだから、本社にいるような気分で悠長に仕事をしてもらっては困ります」

副社長から苦言を呈された大島は、言葉を失った。この1カ月というもの、全社への貢献意識を高く持って、仕事に打ち込んできた努力が水泡に帰した瞬間だった。

＊

大島が直面したのは、海外に勤務したばかりのときに陥りがちな状況だ。異国の地で、未知の問題が降りかかる状況に置かれると、慣れないうちは、なんでもかんでも手をつけてしまいがちだ。特に、仕事に意欲的で真面目な社員ほど、その傾向が強い。しかし一般的に、海外拠点は本社に比べれば十分なリソースが確保できていない。限られた人員で、最前線の多岐にわたる業務をこなしている。そのため、目の前の問題に端からすべて対処していては、とても仕事など回らない。「どの問題を取り上げるべきなのか？」を判断する力は、海外の現場ではいっそう求められる力なのだ。

言い換えれば、「Must have」と「Nice to have」を峻別する力であると言える。仕事上、やれるものなら、やったほうがいいことはたくさんある。今回のケースも、同じ客先に同じ会社の複数の部門からアプローチするのは、できるだけしないほうがスマートだろう。データベースへの投資や社員研修も何かしらの役には立つだろう。しかし、その打ち手が、優先事項から遠いものであれば、T社にとって、それはNice to haveかもしれないが、決してMust haveとは言えない。

つまり、既存顧客との関係維持も大事だが、会社の状況を考えれば、一日も早く提携戦略を進めて、新しいビジネスモデルが構築可能な案件への投資を進めないと死活問題に直結する。これが、副社長から見えていた風景だ。

本当にやるべきことに注力し、優先順位が低いものは大胆にやらないと決めるマインドセットを育んでほしい。そのためには、「何が、Must have なのか？」をつねに問いつづける必要がある。自身を批判的、俯瞰的に問う文化ができている職場では、

「それは本当に取り上げるべき問題ですか？」

「今あげてくれた課題のうち、1つだけを取り上げるとしたら、どれですか？」

という質問が頻繁になされる。つまり、

「問題を取り上げないことも、リーダーの大事な仕事である」

という考え方が浸透しているのだ。相談を受けると、その課題を解決してあげたい気持ちになるものだが、それはぐっとこらえよう。

では、どうすれば「Must have かどうか」を判断できるのだろうか？　必要なのは、**自社にとって取り上げるべき「イシュー＝本当に大事なこと」は何かを見極めることだ。**言い換えると、「本質を見抜く力」である。

T社の現地スタッフや大島には、目の前の既存顧客からクレームを受けている事実が、とても大きく重要な問題に見えていた。

しかし、会社全体からその問題を俯瞰すると、違った捉え方が可能となる。たとえば、

「他社は、どうなのか?」

「顧客にとって、どの程度の不都合が生じているのか?」

「自分のミッションに沿っているか?」

などと考えてみる。また、マクロな市場の動きという視点から、「将来を見据えると、何が自社にとって大事な課題なのか?」という問いも立てられるだろう。そうすれば、「自社の優先すべきイシュー」が見えてきて、「Must have」の峻別ができるようになるはずだ。


本章では、特に海外で勤務する際に、冒頭の事例のように仕事の波に溺れることなく、真に重要な仕事に邁進できるようになるための、最低限身に付けておきたい3つのスキルを紹介する。

クリティカル・シンキングで違いを読み解く

1つ目のスキルは、クリティカル・シンキングだ。これは、グローバル人材の「サバイ

バル・スキル」であり、海外で仕事をするために身に付けるべきスキルを1つだけあげろと言われたら、迷うことなく「クリティカル・シンキング」だと断言できる。経験したことのない場面で、進むべき道も分からない五里霧中の状況で、物事を的確に捉えて理解し、他者とのコミュニケーションを進め、ともに解決を目指すためのスキルだ。

グロービスでの定義を引用しておこう。

「クリティカル・シンキングとは、あらゆるビジネスパーソンに必要不可欠な、**問題解決力、コミュニケーション力、仮説構築力、論理思考力などを総合したスキル**である。ビジネスで直面する課題に対して、考慮すべき点を抜け漏れなく押さえながら、**自分の考えを組み立て、強化するためのスキル**である。また、ある情報から仮説を立て、仮説の検証を進めながら、**ビジネスを進めていくうえで成果につながる結論を生み出すスキル**である」

海外で仕事をするビジネスパーソンだけでなく、どんな場面でも必ず役立つスキルだと言えよう。とはいえ、いまの説明では「ロジカル・シンキングと、どう違うのか」と疑問に思う方もいるかもしれない。ロジカル・シンキング（=論理的に考える）は、クリティカル・シンキングの1要素であると捉えればいい。人によってそれぞれ「論理」は異なるし、時間の経過によって前提条件が変化すれば、従来の「論理」が通用しなくなることもビジネスの世界ではよくあることだ。

海外であればなおさら、前提が違う状況に必ずといっていいほど直面する。まず、初めて直面する課題でも、経験がないからといって避けて通ることはできない。また、生まれ育った環境が異なる初対面の相手とも、やり取りを進めなければならない。こうした状況のなかで、個々人が持つ論理の前提の違いに目を向け、「客観的にどう〈考え・見て・話す〉ことがより妥当か」を意識するのが、クリティカル・シンキングだ。

本書でクリティカル・シンキングのすべてを伝えることはできないが、ここでは海外でのビジネスに関係する部分に特に触れながら、ポイントを見ていこう。クリティカル・シンキングでは、以下のような段階を踏んで物事を客観的に捉え、相手が納得する形で伝える。

①イシューを押さえる（何を考えるべきかを、まず考える）
②イシューに答えるための枠組みを考える（どんな切り口で考えるのかを、考える）
③イシューと枠組みに従って、主張と根拠を明確にする

最後に、この①〜③の筋が通っているかを確認する（構造化できているかを確認する）のである。では、①から順に詳しく見ていこう。

① イシューを押さえる

クリティカル・シンキングで最も大事なポイントは、イシューを押さえることである。最近では、日本でも「イシュー」という言葉がふつうに使われるようになってきた。そのまま直訳できる言葉が見当たらないが、噛み砕いて表現すると、

「解決すべき課題は何か？」

「何の話をしているのか？」

「聞き手の関心は何か？」

「何に答えればいいのか？」


といった意味になるだろう。

海外での会議でも「イシュー」という言葉が頻繁に登場する。

まずは、最初に「今日、話しあうべきイシュー（議題・課題）」を絞り込む。

次に、参加者がそのイシューをどれくらい理解できているかを確認する。

一度イシューが定まれば、基本的にはそのイシューに集中して議論を進める。イシューとは違う話をする必要を感じた場合は、「今から話すことは、イシューからずれますが……」と前置きしてから話すのがマナーだ。

なぜ、ここまでイシューにこだわるのか。特に海外の現場では、国籍も背景も前提も、さまざまに異なる関係者が集まっている。しかも、第二言語、第三言語を操って議論を進めることも頻繁にある。そうした状況では、つねに「**今、何の話をしているか？**」をきちんと確認しながら進めないと、まったく違うことを話していることに気づかず、議論が噛み合わなくなってしまう。極端な話、イシューが特定できて、なぜそのイシューを取り上げるべき価値があるのかが合意できれば、会議の目的の半分は達成したといっても過言ではないと私は思っている。

イシューを押さえるという意味は、単に会議などの場で話題がずれないようにすることだけに留まらない。仕事の本来の目的、過去の経緯、周囲の環境といった諸々の前提条件に照らして、ここで考える「べき」ことをしっかり捉えることがきわめて重要である。第2章で述べたように、海外拠点では、日本にいたときと比べ、ビジネスの発展段階や市場環境がまったく異なる場合が多い。日本にいたときの感覚のままで、何となく「これは重要だ。イシューとして採り上げるべきだ」と感じる事柄も、海外では大した問題ではなかったり、優先度が低かったりすることもある（もちろん、逆のケースも十分あるが）。

事例でいえば、最初に現地スタッフからクレームの話を聞いたとき、大島はそのまま反応して「社内の異なる部門がそれぞれ別個に、顧客にアプローチすることを避けるにはどうすればいいか？」をイシューに設定したが、これは適切ではなかったのだ。「そもそも、今の自分に期待されているミッションやゴールは、何だったか？」

このような、もっと本質的な問いに照らして、「この問題に取り組んで解決することが、ミッション実現、ゴール到達にどれだけ貢献するのか？」を考えると、残念ながら、当時の欧州会社が置かれた環境では、インパクトの乏しいイシューだったと言わざるをえない。部下に相談されたことをそのまま受けるのではなく、**組織における自分の役割を考えたときに、どのレベルで、どの程度の視座でイシューを設定すべきか**を、きちんと考える必要があったのだ。

海外の最前線に立つと、むしろ、やる気があり、真剣に業務に取り組んでいる人ほど、どうしても目の前の案件に没頭しがちになる。目の前のことに向き合いながらも、その都度「そもそも自分は何に意識を向けるべきか？」を自問していただきたいと思う。

②イシューに答えるための枠組みを考える

イシューを特定したら、次にやるべきことは、「枠組み」を考えることだ。ここでは「そのイシューを取り上げるうえでの全体像は何か？」「その全体像のなかで、どのようなポイント（あるいは、観点）を押さえて取り組むか？」を決めることが肝になる。すなわち、「イシューに答えるために考慮・判断すべきポイントのセット」のことを「枠組み」と言う。

枠組みを押さえることの一番の効用は、**自分では自覚しないまま持っている無意識のバイアスによる「決め打ち」を避けることだ**。イシューが押さえられていても、イシューに対して必要となるポイントが見落とされていることはよくある。

この点を理解するために、T社の事例の中で議論になっていた、「提携戦略を促進して、欧州発の新規ビジネスを拡大するには？」というイシューについて考えてみよう。得てして人は、無意識のうちに、自分の得意なやり方や成功体験をもとに解決策を考えがちだ。たとえば、営業畑が長い人の場合、ビジネスを拡大するために「新規顧客の担当者と会う頻度を増やす」とか「提携先のキーパーソンとの関係構築を促進する」といった人間関係に関わる行動に意識が向きやすい。逆に、技術系や研究職の人は、業界で注目されている技術の変化などを分析して、「どんなサービスを提案すればいいか？」と、内容面ばかりに意識が向くこともあるだろう。

しかし、「提携戦略を促進して、欧州発の新規ビジネスを拡大するには？」というイシューに対して、それぞれが考えた個別の対応策だけを聞かされても、それが適切かどうかの判断はできない。なぜなら、無意識のバイアスによって生じた決め打ちによって、偏った見方になっているおそれがあるからだ。

経営的に、より適切な判断かどうかの精度を上げるには、**「漏れなくダブりなく」全体を押さえたうえで、最も大きな問題がある箇所を特定する**必要がある。さもなければ、結果的にその判断が適切だとしても「決め打ち」したように見られ、周囲からの納得感や信頼は得づらい。特に海外では、前提が異なる人たちの合意を得る必要があるので、全体像を具体的に押さえて共有するという丁寧なコミュニケーションが大切だ。ちなみに、「漏れなくダブりなく」の考え方として、MECE（ミーシー）*という言葉を聞いたことがある人もいるだろう。

たとえば、経営の3要素である「ヒト・モノ・カネ」の枠組みはMECEだ。イシューである新規開拓におけるアプローチの方法を、ヒトの観点、モノの観点、カネの観点から見直してみる。そのうえで、やはり、ヒトの部分に問題がありそうだという結論が導かれれば、全体像を押さえたうえでの判断と見なされるだろう。

* MECE=Mutually Exclusive, Collectively Exhaustive

あるいは、新規顧客やパートナーへの最初のアプローチから最終的な売上に結びつくまでの「プロセス（バリューチェーン）」で見るやり方もある。一連のプロセスを、情報収集、情報提供、提案活動、契約締結、詳細設計、プロダクト化、契約の履行など、MECEになるように分解し、全体プロセスのどの段階で顧客対応が滞っているのかを検討するのだ。

このように、1つのイシューを検討するときに2つの枠組みが考えられる場合、どちらかを選ばなくてはいけない。そのためには、「イシューに対して**感度のいい切り口**は、どの枠組みか？」を考えてみるといい。「感度のいい」とは、問題や解決策を見つけやすいという意味だ。実はこれは、自分がどんな種類の問題を探しているかによって違う。

たとえば、問題が起こっている「領域」を探るには、「ヒト・モノ・カネ」の枠組みで見るのが適切だろう。一方で、物事の流れや人の行動をチェックしたければ、「プロセス」の枠組みのほうが有効だ。このように、状況や問題意識に応じて感度のいい切り口を選択することが重要となる。実際、実務においては、どちらを選ぶべきかすぐに判断できないことも多い。そんなときは、他部署の人や同僚、上司に相談したり、議論したりしながら見極めていくことになる。

③イシューと枠組みに従って、自分の主張と根拠を明確にする

イシューを定義し、イシューを解決するうえでの枠組みを明確にしたら、次に**自分なりの「主張」と「根拠」を明確にして示す**。特に海外において、それぞれ大事にしたいポイントを紹介しよう。

まず、主張に関しては、設定したイシューに対して、**自身のスタンスを取る**こと。スタンスを取るとは、たとえば「賛成しているのか？」「反対しているのか？」という自分の主張を明確にすることだ。

スタンスが曖昧なために、あるいは、そもそもスタンスを取ることを避けていると、結局は、何を言いたいのかが伝わらない。「玉虫色」の答弁はビジネスでは御法度だ。いったい「イエス」なのか「ノー」なのか。そのスタンスを、まずはきちんと表明する癖をつけることをお勧めする。そうすることで、主張が研ぎ澄まされる。

次に、根拠について。一言でいうと、極力、**具体的に示す**ことだ。そのためには、数字やデータ、実際の顧客の声や現場で起こっている状況などをきちんと把握し、確認することが必要だ。前提が異なる相手に伝える際には、「ファクト」をきちんと示すことが主張に説得力をもたらす。

ここで強調しておきたいのは、**主張と根拠を示す前には、必ずイシューと枠組みを明確**

にすることだ。そうしないと、話が通じないどころか、誤解を生むリスクが高い。

繰り返しとなるが、特に海外では、そこまでしなくてもいいのではと思うぐらい、相手に対してイシューと枠組みの確認をしたい。要は、自身の主張や意見の前提をきちんと共有することだ。この習慣は、似たようなバックグラウンドを持った人たちだけと長いあいだ仕事をしていると、なかなか身に付かないので、ぜひ意識していただきたい。

◉海外で、仮説思考を鍛えることの重要性

実際には、ここまで見てきたクリティカル・シンキングの3つのプロセス、すなわち、「イシューを特定し、枠組みを定め、主張を明確にする」というプロセスが、必ずしも綺麗に回るとは限らない。特に、不確実性の高い海外では、分からないことも多いなかで、思考を回しながら行動する必要があるため、なおさら難易度は上がる。

経験したことがない状況で、自分の知らないことにも対応するために、もう1つ大事なことは、仮説思考を身に付けることだ。仮説とは、簡単にいえば、

「分からないけど、おそらくは、こういうことではないか?」

という仮の答えを持つことだ。このスキルを持たないと、初めてのことだらけの海外では、仕事を前に進めることはままならない。たとえば、先に述べた「②枠組みを考える」

に関していえば、実際、どの枠組みを使ったほうがいいかは、やってみないと分からないことも多い。

T社の事例でいえば、「現地発の仕事を作ることは、海外拠点としては新しい取り組みだから、社員のあいだで、どう動いていいのか戸惑いが出ているようだ。したがって、物事の流れや人の行動で見たほうが良さそうだ」という仮説を立てて、プロセスで分解してみるという具合だ。実際に、プロセスで分解しても、うまくいかなければ、今度はヒト・モノ・カネといったマネジメント領域で分類してみようという形になる。同様に、③の「主張を明確にする」においても、仮説思考はとても重要な武器となる。

では、いい仮説とは、どんな仮説だろうか。仮説とは仮の答えなので、一度作ったあとも「その答えが本当にそうなのか？」を探っていかなければならない。そこでまず、「そもそも、何のために仮説を持つのか？」「目的は何か？」といったように、仮説を持つ際にも、初めに設定した「**イシューに常に立ち戻って**」考えることが重要だ。次に、「仮の答えは、本当にそうなのか？」を検証するために、実際にやってみる必要がある。したがって、検証するための「**行動のイメージ**」をつねに持っていたほうがよい。

いい仮説の作り方を簡単に示した有名な例として、「空が青い」がある。ちなみに、「空が青い」自体は仮説ではない。これは単に現象を述べているにすぎない。

「空が青い」のあとに、「だから何？」を問うのである。

たとえば、イシューを「外出する際にどんな服装や準備をすべきか？」とすると、「空が青い。今日は暖かくて気持ちよく過ごせそうだ」といった仮説を出すことができる。

ここから行動のイメージを膨らませてみよう。「暖かくて気持ちよく過ごせそうだ」という仮説なら、「薄手の服にしよう」「昼食は野外で食べよう！」となる。こんなふうに、仮説を深化させることが肝心だ。

ちなみに、私がかつて駐在した中近東では、「空は青い」はいいイメージで受け止められない。なぜなら「空が青い。今日も昼間は猛烈に暑くなる。勘弁してほしい」といった方向にイメージが進むからだ。実際、中近東の乾燥地帯で猛暑になると、気温は40～50度を超え、命にかかわる。そこで、「空が青い。今日も昼間は猛烈に暑くなる。連日の熱波で、必死に働けば身体に悪いから、今日は休み休み仕事をしよう」となる。だから、多くの日本人のように、「空が青い」と言ったときに、「今日は空が青くて、いい天気だ。気持ちがいい」とはならないのだ。このように、仮説を作るときにイシューと行動をイメージしないと、特に海外ではとんでもない誤解を生むことになる。

ここまで、クリティカル・シンキングに関して、特に海外に出たときに意識してほしい要点を紹介してきたが、海外でクリティカル・シンキングをよりよく使うためのコツを、お伝えしたい。海外では、どんなに気をつけてコミュニケーションをしていても、こんな場面に遭遇する。

「何を言わんとしているか分からない」

「何で急にこんなことを言いだすのだろうか?」

「何でそういう結論になるの?」

そんな場面に出くわすと、こんなふうに決めつけてしまう。

「外国人は変わった人が多い」

「何を考えているのか分かりづらい」

「〇〇人とは付き合いづらい」

しかし、第2章で説明したように、外国人は文化が違うからやりにくいと嘆くのはまちがいだ。**「変だな」と違和感を持ったときは、ぜひ、「チャンス到来だ」と思ってほしい。**

何のチャンスかというと、軌道修正のチャンスだ。具体的には、これまで述べたように、

「イシューが、ずれているのではないか?」

「適用している枠組みに、ずれがあるのではないか?」

「仮説の構築の方向性が違うのではないか?」

といった具合に、ずれた軌道を合わせるチャンスにしてほしい。したがって、「それはおかしい!」とか「何でそんなことを言うのか!」と感情的に反応するのではなく、「イシューを改めて確認しておきたいのだが」とか「あなたが着目しているポイントは?」といったように、一度冷静になって、思考の前提を確認する問いを投げてみよう。

私自身の感覚値として、海外で仕事をしていて結論が何か変だなと感じたとき、その原因の約8割は前提の違いからきている。「変だな」と感じたことこそが「正しさの源泉」であるというマインドを持つことだ。この感覚を身に付けないと、目の前で起こっている問題が、本当に文化の問題なのか、ビジネス上の問題なのかを見分けることは困難となるだろう。

「鳥の目」と「虫の目」で情報を集める

海外でクリティカル・シンキングを有効に使いこなすうえで特に注意すべきは、第2章で紹介した4つの壁の1番目、「発展段階の壁」だ。なぜなら、クリティカル・シンキングで考えるべき「前提条件の違い」に影響する度合いが最も大きいからだ。マクロ環境の違いは、人々の生活習慣や、ビジネスのやり方、リスクに対する捉え方など、広くさまざまな要素に影響する。海外勤務で自分の経験とまったく異なるマクロ環境に身を置いたときにも、大きな流れを理解して実践に活かすことが必要となる。

そこで、クリティカル・シンキングの次に大事なスキルとして、「マクロ・トレンドを読む力」をあげたい。海外の最前線で勤務するビジネスパーソンには、担当するマーケットが今後どのような動きをするかについて、現地ならではの視点で「先読み」し、社内の関係者にきちんと共有することが期待されている。そうでなければ、企業としてわざわざ現地に人を張りつけている意味が薄れる。

T社の事例でいえば、大島は、目の前のことばかりに意識を奪われるのではなく、商社が置かれている現状や、欧州や中東、アフリカのマクロ・トレンドに注意を払っていれば、取り上げる課題や社内での行動も、まったく違ったものになっていたかもしれない。

マクロ・トレンドには、政治、経済、社会、テクノロジーなど、さまざまな要素がある。さらに、各要素が複雑に絡みあっているので、そのトレンドを読むのは簡単ではない。一般情報レベルであれば、ニュースやネット上でいくらでも知ることができる。では、もっと付加価値の高い情報を収集するには、どうすればいいか。

そのために持つべき視点が、「鳥の目」と「虫の目」だ。読んで字のごとく、「鳥の目」

とは、高い視座から全体感をつかむ目。経済指標や生活指標、各産業の景気動向などの計数的な変化も含めて、大きな流れをイメージできる力のことだ。一方、「虫の目」とは、マクロな動きを、日々のミクロの動きのなかで感じ取る力のことだ。それと同時に、逆に日々のミクロの動きのなかから、マクロの変化を予測する力も必要となってくる。「鳥の目」と「虫の目」の双方を獲得することに加えて、マクロとミクロの視点を行ったり来たりしながら、2つを関連させて考えることができて初めて、現地発の価値の高い情報となり得る。では、もう少し具体的に見ていこう。

「鳥の目」について、全体感をきちんと押さえるには、ここでも「枠組み」で考えることが役に立つ。マクロ・トレンドの分析でよく用いられるのが、PEST*（政治、経済、社会、テクノロジー）だ。最近では、それにEL（環境、法律）を加えたPESTELも使われるようになってきた。この2つが加わったのは、各国の環境問題や環境政策の内容、法規制の方向性（厳しくなるのか、緩和されるのか）が、ビジネスに多大な影響を及ぼすようになってきたからだ。

PEST以外の枠組みとしては、「カントリー・アナリシス・フレームワーク」がある。地政学的な観点も含めて、各国の国家戦略と、その戦略の背景にある流れを押さえる枠組

* PEST=Politics, Economy, Society, Technology
EL=Environment, Legal

みだ。このフレームワークでは、次の3要素を検討する。

- その国が持つ背景（Context）は何か？
- その背景を踏まえて、どんな国家戦略（Strategy）をとっているのか？
- その結果として、どのような成果（Performance）をあげたか？

これらの要素の関連性を分析し、各国の動向を予測するのだ。海外において、あるいは日本でさえも、自分が働いている国の国家戦略は何で、その歴史的、地理的、政治的背景には何があるかなど、きちんと説明できる人は意外に少ないのではないだろうか？

特に日本は島国で、地続きの国境がないため、地政学を肌感覚で意識する機会が少ない。また、学校教育でも、近現代史をきちんと学ぶ機会が、他国に比べて極端に不足していることも認識しておく必要がある。海外で仕事をした人は痛感することも多いだろうが、近現代史に対する知見において、圧倒的に彼我の差がある。

ちなみに、シンガポール国立大学の公共政策大学院リークワンユースクールで教鞭を執る田村耕太郎氏は、こう述べている。*

＊「【田村耕太郎氏インタビュー】地政学を知らない企業はグローバル市場から見放される（1）」（GLOBIS知見録、2017年4月12日）
https://globis.jp/article/4239

「日本では戦後、地政学は長らく必要がなかった。他国の動向を分析して出方を考える必要があまりなかったからだ。その背景には外交方針の基本を米国追随として、独自の外交をしてこなかったこともある。また、貿易国と言われながら、実情は巨大な内需型経済であり、そんなに他国への理解がなくても許される環境にあったからだ。それが、近年、状況が変わり、外交的経済的なアメリカの優位性が揺らぎつつあり、いつまでも対米従属外交ばかりはやれなくなっている。超大国のアメリカとそれに挑戦する中国。この二大大国のあいだに挟まれる日本は、今後どのような影響を受けるのかといったことに、もっと真剣に向き合う必要がある」

これからの日本のビジネスパーソンは、世界のマクロの動きに対して、アンテナを立て、どういう仕組みで世界が動いているかについて、真剣に学んでいく必要があるだろう。

次に、「**虫の目**」について説明したい。まずは、日々どんなことが起こっているかを正確に把握する。そして、「それらの事象に、どんな意味があるのか？　どんな流れから生じているのか？」を自分なりに解釈することが必要だ。海外の前線で活躍するビジネスパーソンに対して、本社などから特に期待が大きいのは「虫の目」を通して得られる情報だ。

とはいえ、多くの海外勤務の現実は、デスクワークや雑務にも追われる日々である。現場に足を運ぶ回数や、外部との交流が少なくなりがちだ。そんな状況で、些細な変化を感知することは難しい。社会のミクロな変化をきちんと把握できている人は、むしろ少数派かもしれない。

では、変化を感知するには、具体的にどうすればいいのか？　ただ漫然と光景を眺めても、得るものは少ないだろう。より効率的な方法は、「定点観測」する癖をつけることだ。たとえば、コンビニエンス・ストア、スーパー、レストラン、飲み屋などへの客の入りや商品の価格は、どうなっているか？　遊園地や遊興施設は、どれくらい賑わっているか？　中古車価格の変動、各業界の企業の受付やエントランスの来客の状況は、どんな様子か？

なかには、「ビッグマック指数」なんてものもある。マクドナルドの看板商品であるビッグマックの販売価格が国や都市によってどう違うのかを比べることで、現地の経済力のレベルを比較しようというものだ。エコノミスト誌なども毎年ビッグマック指数を発表しているので、情報収集をしておけば、世界の流れや年ごとの変化についての概要をつかむことができるだろう。

それ以外の情報源として私がよく活用するのは、タクシーの運転手だ。地元のタクシードライバーは、経済の動きに敏感である。「〇〇業界の人の利用が増えて、××業界の人は乗らなくなったよ」とか、「最近は、〇〇人の客が増えてきたけど、△△人はめっきり減ってきた」といった具体的な情報だ。

海外出張で現地に到着し、空港からホテルやオフィスへ移動するとき、私は必ずタクシーの運転手に「最近どう？」と聞くようにしている。ちょうど空港から町までの30～60分で、最も効率よく、その国や都市の経済動向、人々の動向を簡単に把握できる。タクシードライバーなら、その土地に馴染みがなくても、気軽に話しかけることができるだろう。ぜひ試していただきたい。臆することなく、どんどん気楽に話しかけて、リアルな情報を収集する習慣を身に付けてほしい。

◉先行指標（Early Warning Sign）を持つ

ここで、マクロやミクロの変化を察知するために、ビジネスシーンでよく使われる先行指標（英語では、Early Warning Signという言い方をする）を紹介しておこう。

- 住宅着工件数……………米国の雇用や景気の先行指標
- 中古車価格…………………個人消費の先行指標
- 半導体の出荷数……………テレビ、カメラ、ＰＣ、携帯などの分野の先行指標

●ドイツの生産財受注数……欧州経済の先行指標

先行指標が明暗を分けた有名な例がある。リーマンショックが始まろうとしていたとき、北米ではトヨタもホンダも事業展開をしていたが、ホンダはいち早く景気の変化に気づき、現地の自動車生産量を調整したため、なんとか危機を回避できたという。* ホンダが、なぜトヨタより早く危機を察知できたのか。それは、自動車とは別に販売していた、小型汎用エンジンの売れ行きに注目したからだ。ある時期からエンジンが売れなくなり、原因を調べていくうちに、住宅用のサブプライムローン問題が関わっていることを突き止めた。小型エンジンは、家庭用の芝刈り機に使われていたため、米国の景気の先行指標となっている住宅着工件数の動きを、統計として出る前に摑むことができた。この動きは、いずれ自動車の販売にも影響するだろうと判断し、トヨタより1年も早く対策に乗り出せたのだ。

このように、リーマンショック時のホンダの成功例は、「虫の目」の重要性を端的に表した好例だろう。ぜひ、みなさんもご自身なりに、自社や業界の先行指標は何かを把握して、つねにウォッチすることを心がけていただきたい。

ここで、「虫の目」の重要性に関して、2つほど指摘しておきたい。

＊『9・15リーマンショック』片山修著、祥伝社新書、2009年

１つ目は、人材の育成だ。私の見るかぎり、中国や韓国、欧米の企業では、現地を深く理解する社員を育成するために、10～20年ほど駐在させることが少なくない。これに比べて、日系の企業は、平均の駐在期間がきわめて短い。ようやく慣れてきた頃に、次の赴任地へ移動するか、日本へ帰国してしまうのが大半だ。これでは、各国、各市場で重要な情報を収集する能力は、個人としても組織としても高まらない。今後、現地発のビジネスを拡大するには、日系企業も「虫の目」を駆使できる優秀な人材を真剣に育成し、配置することが不可欠だと考えている。

２つ目は、限られた人材だけで意思決定することの危険性だ。情報分析のエリートだけで判断してしまうと、世界の動きを見誤ることがある。具体的には、リーマンショック、中国経済動向、英国のＥＵからの離脱（Brexit）、トランプ大統領の就任など、世界の流れの予想を外してしまった例は、枚挙に遑（いとま）がない。世の中の大きな流れを決めるのは、エリートではない大多数の市井の人々だ。日々の活動に従事し、生活をしている人々の気持ちを酌み取ろうともせずに、少数の同じような立場のエリートだけで、しかも会議室のなかだけで考えていると、流れを見誤ってしまうことを肝に銘じたい。

ぜひとも、「鳥の目」「虫の目」を身に付けて、現地の生の情報をかき集め、仕事に生かしてほしい。

◉宗教への向き合い方

もう1つ、海外でマクロ環境を語るうえで避けて通れないのが「宗教」だ。宗教は、生活習慣や冠婚葬祭などにも影響が大きいので、PESTELのS（社会）の要素として語られることが多い。

しかし実際には、宗教はあらゆる分野で顔を出す。Pの政治体制にも影響が大きいし、Eの経済においても、資本主義への親和性も異なり、たとえば、イスラム金融といった言葉もあるように、大きな影響を与えている。また、Tのテクノロジーへの向き合い方も異なる。したがって、海外で仕事をするうえで、自分にあまり馴染みのない宗教に関しては、基本的な考え方を理解しておくことは必須だ。

日本では、特に第二次世界大戦後、宗教に関する話題が社会的にタブーとされてきた経緯がある。そのため、宗教に関する話題に日常的に触れることはきわめて少ないし、教育でもあまり取り上げられない。しかし、世界のほとんどの国では、歴史・社会制度・経済・法律などと宗教は切っても切れない関係にある。宗教に関する知識がないと話についていけない国も多いので、基本的な考え方や教義は押さえておきたい。

欧米や中東では、キリスト教、イスラム教、ユダヤ教が、アジアでは、仏教、ヒンズー教、イスラム教の人が多い。また、日本なら仏教と神道があげられるだろう。ここでは、その1つひとつを解説する余裕はないが、平易な解説書が数多く出まわっているので、ぜひ参考にしていただきたい。

書籍や文献をあたって宗教の歴史や経緯を理解すること以外に、私がいつも意識していることがある。それは、「その宗教が、どんな風土で生まれたのか」を考えてみることだ。私たちは宗教というと教義だけに目が行きがちだが、「宗教には、生まれた土地の風土が色濃く影響する」という説がある。初めてイランに赴任したとき、私はこの説をもとに、イスラム教について想像をめぐらしてみた。それによって、イスラム教の考え方や行動が理解でき、受け入れやすくなった経験がある。

あなたも、イスラム教のこんな教えを耳にしたことがあるはずだ。

①豚肉を食べてはいけない
②お酒を飲んではいけない
③アラー（神）に1日5回のお祈りをする
④トラブルを、さらっと水に流すことはできない

⑤目には目を、歯には歯を

これらは、風土とどう関わっているのか。

たとえば、①の「豚肉を食べてはいけない」は、中東のような暑い気候では、腐りやすい豚肉は食中毒などの感染を引き起こすので、食することを避けるための教えだともいわれている。

②の「お酒を飲んではいけない」も同様に、砂漠の真ん中でお酒を飲んでそのまま眠りこけてしまったら、干からびて死んでしまうかもしれない。

③の「アラー（神）に1日5回のお祈りをする」はどうか。イスラム教の祈りでは、立ったり座ったり、頭を床につけたりを繰り返す。しかも、1日5回も。この祈りの動作は、実は柔軟体操を促しているのではないか。中東のような暑いところだと、人々は放っておくと一日中運動しないことになりかねない。これでは、健康上きわめて悪いので、無理やり体操をさせて、体を動かしているともいえる。

④の「さらっと水に流す」ことができないのは、中東では当然だ。山が多い日本の河川は急流が多いので、水に流せばすぐに流れていくので問題ない。しかし、中東のオアシスにゴミや変なものを投げ入れたらどうなるか。たちまち、飲み水がなくなり大問題と

なる。「そんな奴は、孫子の代まで忘れるな！」となるのだ。

⑤の「目には目を、歯には歯を」。この言葉ほど、イスラムを誤解させている言葉はない。これは、「もしある市民が、他の市民の目をつぶすならば、彼の目をつぶさなければならない」「もしある市民が、彼に対等の市民の歯を打ち折るならば、彼の歯を打ち折らなければならない」といって、やられたら同じことをやりかえす、もしくは同等の代価をもって償わせることが許される法律だ。これが「報復を許すとは、イスラムってなんて恐ろしいんだ！」という誤解を生んでいるが、この法律の本来の趣旨は、あくまで報復の抑制なのである。

やられたら、「同じこと」ならやり返してもいいが、「倍返し」をしてはならないという趣旨だ。倍返しを止めないと、争いがどんどんエスカレートしてしまう。それを避けるために、同じにしておきなさい、痛み分けしなさい、という法律なのだ。かつては資源の乏しかった砂漠の地で、過剰な略奪を抑止しながら、争いを収めるための知恵であったことがうかがえる。

仏教は仏教で、東南アジアの風土があってこそ成り立つことがたくさんある。宗教が、人が生きていくためのマニュアルであるとするなら、大いに納得できる。

海外で宗教に違和感を覚えたときは、まず、それを素直に受け入れることだ。そして、その宗教が生まれた地域の風土に思いを馳せてみてほしい。そうすれば、なるほど、あの環境下ではこうなるのもやむをえないな、という理解が進む。

CEO目線で事業を捉える

3つ目に重要となるスキルが、事業全体を捉える力だ。これは、第2章で示した壁のうち、「ビジネス領域の壁」を乗り越える際に特に必要なものだ。そして、クリティカル・シンキングでいえば、ビジネス全体を俯瞰して、適切なイシューと枠組みを設定するためにも役立つスキルだ。

そもそも、海外で事業を推進し、新規のビジネスを作るには、事業全体のバリューチェーンを理解し、どのように顧客価値を創り上げていくかを把握することが求められる。

たとえば、その国の市場特性に合わせて「製品の供給体制を検討し、実現させる」「販売サービス網を整備する」「新たな部品の購入先を開拓して、ロジスティクスに落とし込む」といったように、押さえるべき業務の幅が広い。また、マーケットを開拓するために、現地のパートナー企業との協業を検討する際には、双方がどのような仕組みで、どのように価値を提供しているか、構造的に理解しておきたい。

それ以外にも、第3章の自己理解で確認したように、「お互いの強みや弱みは、どこにあるのか」「その強みは、どのような仕組みによって発揮されているのか」「逆に、弱みとその原因は、どこか」といったことを説明する必要がある。

これらのことをきちんと押さえておかないと、肝心なところで詰めの甘さが出て、のちに大きな問題に発展することもある。結果、顧客からクレームが出たり、無駄な業務が頻繁に起こってコストが余計にかかったりする。

特に、日本の本社で長く仕事をしていた人は、事業全体に関わる機会が少ない場合が多い。営業なら営業、製造なら製造、開発なら開発と、細分化された一機能のなかに業務が閉じており、その一機能のなかでも、さらに細かく業務が分けられていることもよくある。すると、部門横断で全体を見ながら最適なプロセスを組むといったような業務はあまり経験できないので、海外に出て、いきなり事業の全体を統括する任務に就くと苦労することになる。

たとえば、T社の事例でも、大島が各部門のビジネスモデルの違いをもっと明確に理解していれば、部下から相談を受けたとき、「既存顧客に対して複数の部門からコンタクトすることが、必ずしも悪いことではない場合もある」と説明できたはずだ。そして、部下に対して、複数の視点から課題を再検討するように指示ができたであろうし、いきなり欧州本社全体を巻き込むような検討を、自らが行うようなこともしなくてすんだだろう。

私が企業研修で一番苦労するのも、事業全体を捉える力を参加者に身に付けてもらうことだ。なぜなら、ひとくちに「事業全体を捉える力」といっても、一部門のトップの目線をも越えて、各事業が会社にどう関わり、全体をどのような仕組みで動かしていくのかを捉える力、まさに「CEO目線」が求められるからだ。

◉ビジネスモデルを理解する

では、CEO目線になるには、まず何が必要かについて述べたい。端的に言うと「ビジネスモデル」、つまり自分たちが始めようとしている事業がどのような仕組みで行われ、どのような価値を提供するのかを理解するということだ。ところが厄介なのは、「ビジネスモデル」という定義が人それぞれで違うことだ。そもそも、トップと現場で定義が違っていたり、双方とも曖昧なままで話していたりすることが本当に多い。

そこで、共通の定義を持つために、単純で分かりやすいビジネスモデルのフレームワークを紹介しておく。ビジネスモデルは、一般に以下の4つの要素で成り立っている。

1 CVP*……ターゲット顧客のニーズに対して提供する価値は何か

2 利益モデル……どのような仕組みで収益をあげるのか

3 プロセス……提供価値を実現するためのプロセス（バリューチェーン）

4 必要な経営資源……仕組み全体を支えるために必要な「ヒト・モノ・カネ・知恵」などの資源

ビジネスモデルを語るには、この4つの要素を明確に説明できること、また、それぞれの要素が互いにどう関連しているのか、という整合性を説明できることが鍵となる（図3）。

ビジネスモデルを研修で扱うときに、参加者が共通してつまずきやすい点がいくつかある。

まず、CVP（顧客への価値）の定義が、なかなかうまくいかない。そもそも、ターゲット顧客をきちんと定義できていないことが多い。ターゲット顧客の定義が曖昧だと、顧客ニーズや提供価値の定義にも精度を欠いてしまう。

次に、利益モデルをうまく構築できない。なぜかと言うと、有効な利益モデルを見出すには、稼ぎ方のパターンを幅広く知っておく必要があるからだ。実際、自社の業界以外にも目を向ければ、他の業界や異なる業態の利益モデルからヒントを得られることが多い。

このように、CVPや利益モデルがきちんと定義され、確立されないと、それらを実現

＊ CVP=Customer Value Proposition

図3 ビジネスモデル・フレームワーク

- ターゲット顧客
- 顧客の抱えている課題／ニーズ
- 提供する価値

利益モデル

- 収益モデル
- コスト構造
- 利益率モデル
- 資源回転率

プロセス

- バリューチェーン
- ルールと評価基準
- 投資と時間軸

経営資源

- 人材
- 製品／技術
- 機器／設備
- 情報
- 流通チャネル
- パートナーシップ

出典：『C.クリステンセン経営論』クレイトン・クリステンセン著、DIAMONDハーバード・ビジネス・レビュー編集部監訳、ダイヤモンド社、2013年 をもとに作成

するための要素である、業務プロセスの構築や経営資源の投入についての検討に具体性を欠いてしまう。結果、全体としてキレのない、緩いビジネスモデルになってしまうのだ。

◉ビジネスの全体感を持つ

では、実務的にビジネスモデルへの理解を深めるには、どうすればいいのか。ビジネスモデルは、まさに事業の全体像となるため、押さえなければならないことは多岐にわたる。日常の業務では関わらない部分も多々あるため、計画的に学んでいく必要がある。私は、基本的には以下の4つのステップを実践していくと、次第にビジネスモデルで思考し、理解できるようになると考えている。

ステップ1……自分が携わっている事業を、ビジネスモデルで分析してみる

まずは、先ほど示した4要素のフレームワークを使って、自分が携わっている事業を分析してみよう。そうすれば、自分がどれくらい理解しているかが分かるだろう。いざ書き出してみると、意外と書けないものがあることに気づく。分からないものがあるのは仕方がないので、いったん全体像を描いてみる。そのうえで、自分がふだんから携わっているのは、全体のなかのどの部分なのかを考えてみよう。全体感を持って見ると、仕事の意味づけも変わってくるかもしれない。

ステップ2……分からないところを補い、ビジネスモデルの分析を完成させる

ステップ1の分析で、分からなかった部分を調べる。たとえば、次のようなことだ。

- 自分たちがやっているビジネスの提供価値は、具体的に定義されているか？
- 収益は、どのような形であげているか？
- 業務プロセス、バリューチェーンは、どう組まれているか？
- 大事な経営資源は何か？

こうしたことを、1つひとつ綿密に調べていく。必要に応じて、社内の他部署の人に聞いて情報を得よう。調べた結果をもとに再度分析して、ビジネスモデルを完成させる。

ステップ1とステップ2を通して、「実際の業務」をもとに、自分で分析を繰り返していく。そうすることで、これまでイメージできなかった「ビジネスモデルの概念」への理解を深めていくことができる。また、この作業を自分だけで終えるのではなく、分析した結果を社内の他のメンバーと共有して、共通認識を育むことも大切だ。あるいは、組織のメンバーとともに、1～2のステップを経験してもいいだろう。

ステップ3……さまざまな種類のビジネスモデルを学ぶ

そもそも、ビジネスモデルにはどんな種類があるのかを知識として学んでおくと、自社だけでなく、他の業界に対する理解や、新規事業の開発にも役に立つ。ビジネスモデルに関する書籍やケーススタディは多数あるので、ぜひ目を通しておいてほしい。

ステップ4……つねにビジネスモデルで考えることを癖にする

たとえば、客先を訪問したときも、ビジネスモデルのフレームワークを思い浮かべながら、いろいろな観点から話を聞いてみよう。いつもの雑談とは一味違う、踏み込んだ会話になるはずだ。また、新聞やビジネス誌で企業事例を取り上げていれば、同じようにフレームワークを使って分析してみよう。もちろん、分からないところはそのつど調べながら、ビジネスモデルで思考し、理解する訓練を日頃から行うようにしておきたい。

◉「カネ系」の知識を身に付ける

最後に、CEO目線に関してもう一点。海外で仕事をするうえで必須であるにもかかわらず、きちんと身に付けていない場合が多いものとして、会計、財務、税務など、いわゆる「カネ系」の知識があげられる。なぜ必要となるかは、容易に想像できると思うが、大きくは3つの理由があげられる。

1つ目は、言わずもがなで、海外拠点の事業状況を定性面のみならず、定量面でも把握することだ。飛行機でいえばコックピットで計器をしっかり見ながら、空が曇っていても、土砂降りの雨のなかでも、上手に操縦するパイロットのように、会社運営の舵取りを担わなければならない。また、パイロットが管制官と必要なコミュニケーションをとりながら飛行を続けるように、適宜、本社の関係部門からのサポートや、会計士や弁護士などの会社運営のプロフェッショナルサービスを受けるうえでも、事業状況を定性・定量の両面からきちんと把握し、分析・解釈する力を共通言語として身に付けておかねばならない。

2つ目は、自社のビジネスモデルを構築する際に、利益モデルを考えたり、新しいビジネスモデルの収益性を検討したりするうえでも、当然のことながら会計やファイナンスの知識が必要となる。

3つ目は、海外発のビジネスを開拓するうえで、企業買収やジョイント・ベンチャーが重要な選択肢となっている点があげられる。いい買収先や提携先の探索には、海外拠点のメンバーの活動が鍵になる。また、実際に買収し、事業経営を海外拠点のメンバーがそのまま出向して行うことはよくある。その際にも、企業分析、事業性分析において、ファイナンスの知識がないと立ちゆかなくなり、効果的でスピーディーな動きができなくなる。

日本の本社では、こうした領域については専門の部署がしっかりサポートしてくれるし、業務も細分化されているため、会計や財務の知識がさほどなくても、何とかなってしまう。それが海外へ派遣する人材の成長機会を奪っていると私は考えている。財務諸表を自分で作成することはおろか、自社や自部署の財務諸表や財務データをまともに読んだことがない人も意外と多い。

これでは、海外拠点で直面する4つの壁を越えることは至難の業だ。シンガポールやバンコクでグロービスが事業展開をしているなかで、現地での「カネ系」のトレーニングの需要は非常に大きく、ニーズの高いプログラムの1つになっている。私自身も、財務や会計や税務、そして、投資の知識や実務での経験を一番積んだのは、ベルギーに駐在していた5年間だ。会計や財務の専門書は数多く出版されているので、これから海外へ赴任する人は、ぜひ「カネ系」の知識をしっかり身に付けていくことをお勧めする。

特に、財務諸表3表、すなわち貸借対照表、損益計算書、キャッシュフロー計算書の読み方をマスターすること。加えて、企業の成長性、収益性、効率性、安全性などを把握するための財務分析のスキルはぜひ身に付けていただきたい。取引先や協業先の経営状況を把握するためには最低限でもこれらのスキルが必要になるし、現地では、何か変化が起これば、自ら迅速に対応することが求められるからだ。また、企業買収のミッションを負う場合は、ファイナンス理論の基礎を理解しておくことが必須だ。

一方、すでに海外に駐在している人は、「生きた会計や財務」を学ぶ好機と心得て、積極的にカネ系の関連業務に関与するといいだろう。これは何も海外だけに限った話ではないが、特に海外に出たら、財務諸表上の動きを時系列で押さえ、その変化が実際にどのような形で企業活動に表れているか、ぜひ確認していただきたい。たとえば、取引先の倉庫や工場を定期的に観察してみよう。仕掛品や完成品がどの程度積まれていて、入出荷の動きはどうなっているか。また、販売店やサービスステーションを見て、売上高や売掛金などの数字と実際の動きが整合しているのかを、逐一チェックする。

こうした努力を地道に続けていくと、財務諸表を見ただけで、企業の活動状況が目に浮かび、逆に、企業活動を見ただけで、財務諸表の変化が目に浮かぶようになる。こうして身に付けたセンスは、ビジネスパーソンとして、将来的にも大きな財産になる。実際、海外勤務の経験者には、カネ系の業務に強い人が多い。

また、M&Aや投資の機会に恵まれたら、ぜひ積極的に手をあげて関与するといいだろう。デューデリジェンスは、どのように進められるのか？ そして、実際に企業価値やプロジェクトの採算を算出したうえで、それらが買収やビジネスの交渉の場で、どのように取り扱われるのか？ こうした経験を積むことで、生きたファイナンス理論として学びを深めることができるだろう。

ここまで、「クリティカル・シンキングで違いを読み解く」「〈鳥の目〉と〈虫の目〉で情報を集める」「CEO目線で事業を捉える」といった、特に海外で役立つスキルを紹介してきた。これらを身に付けていたら、冒頭の事例での大島は、どのような行動をとっていただろうか？

まず、最初に現地のスタッフから相談を受けたときに、

「この問題は、果たして取り上げるべき問題（イシュー）なのか？」

という自問から入ったであろう。他部門にヒアリングをする際にも、

「同じ顧客に、違う部門から別々にコンタクトしていることで、問題になっていることは

ないか？」

という聞き方ではなく、ビジネス全体を俯瞰したヒアリングを行い、取り組むべき課題の優先順位を把握したうえで、全体会議に提言できたかもしれない。

さらには、全社の方向性や業界全体の流れを見据えて優先順位が頭に入っていれば、そもそも、強いて取り上げるほどの問題ではないという判断ができただろう。こうした全体観を持った本質的なものの見方こそ、多忙を極める最前線において、Nice to have と Must have を峻別する際に、きわめて重要となるのだ。

最後に、あなたが「スキルを身に付けるうえで大事にしたい問い」を次頁の図4にまとめたので、各項目をチェックしていただきたい。

図4 スキルを身に付けるうえで大事にしたい問い

- □ その問題は本当に取り上げるべき問題か? ▶ 「問題を取り上げない」のも、リーダーの役目である

- □ 仕事をしていて「変だな」と感じたことはないか? ▶ その違和感こそ「問題解決の源泉」「他者との前提の違いを理解するチャンス」であると心得る

- □ いつも意識して見ている世の中の事象はあるか? ▶ 「定点観測」がマクロとミクロの変化を気づかせてくれる

- □ つねに、自社が一番訴求したい顧客は誰かを、明確に説明できるか?
- □ その顧客が、何を求めているか、きちんと説明できるか?

- □ 顧客は何にお金を払ってくれるのか?
- □ どうやって自社は利益をあげることができるのかを、具体的に説明できるか?

- □ 顧客への提供価値は、どのような業務プロセスを経て実現しているかを、説明できるか?
- □ 業務プロセスを下支えし、自社の競争優位に資する重要な経営資源は何かを理解しているか?

- □ CEO目線で捉えなおしたときに、あなたの仕事は事業全体のどこに位置づけられるか?
- □ その仕事は、どの程度の重要度があるのか?
- □ その仕事は、最終的な顧客への提供価値にどう貢献しているのか?

5 違いを乗り越えて、成果を生み出すリーダーシップ

「良かれと思って」が裏目に

海外の不慣れな環境で、かつ、多様性の高い組織において、いかにリーダーシップを発揮するかはチャレンジングなテーマだ。誰しもが、少しでもビジネスの成果をあげよう、お客さんや自社に貢献しようと奮闘努力するなかで、良かれと思ってやっていることが仇になってしまうことが少なくない。なぜ、そのようなギャップが発生するのか？　どこに難所があるのか？　まずは事例を見ながら考えてみたい。

海外事例

アメリカ支社の現地スタッフが見た、2人の日本人リーダー

シカゴは、アメリカ内陸部の交通の要衝だ。ミシガン湖のほとりに栄える全米屈指の

産業都市であり、スポーツや芸術などが盛んな文化都市でもある。その地の利から、古くから農産物の集積センターであり、多くの輸送機器や産業機器に関連する企業が拠点を構え、近年ではIT企業も進出している。多様な取引が活発に交わされているシカゴで、人事系サービス業のH社は、主に日系企業を対象に、人事系業務のアウトソースをサービスとして展開しつつ、現地の米系企業との取引拡大も目指していた。

シカゴ支社では、すでに事業や人員の現地化が進められており、シニアマネジャーも米国内で採用された人材が担っていた。ただし、管理を強化する名目で、日本から数名の幹部クラスが3～4年の任期で派遣されていた。浜田と三島も、その一員として赴任していた。

浜田は、シカゴ支社の事業部門のトップを務めている。三島は浜田の部下で、事業部門でのコーディネーター的な役割として、主に日本本社と現地との連携や、現地の日系企業にきめ細かく対応する役割を担っていた。

この2人が赴任して数カ月が経った頃、現地スタッフのマイクは、暗澹たる気分でオフィスに向かっていた。H社で3年目を迎えたマイクは、それまでに米系企業と日系企業の双方での勤務経験があった。その実績に加えて、柔軟な姿勢やオープンな性格などが評価され、ミドルマネジャーとしてH社に採用されたのである。これまでの働きぶりは、期待に十分こたえるものだった。

マイクが落ち込んでいたのは、部門トップの浜田が見せた対応のせいだった。

前の週に三島から、ミドルマネジャー向けのミーティングに招集されたときのことだ。議題は、シカゴ支社の営業プロセスの変更だった。マイクも、組織の規模拡大と営業のやり方が合わなくなってきたと感じていたので、問題意識と対応策について、まさに直接、浜田と話し合っていたところだった。自分の提案が議題として検討されるのだろうと思って参加したが、そこでは三島は決定事項を伝えただけだった。実はその決定事項は、マイクが浜田に話した提案そのままの内容だったのである。マイクは、自分に何の相談もなく、かつ自分のアイデアのいいとこ取りをされた形で意思決定されていたことに、愕然としたのだった。

H社ではこれまでも、日本人の駐在員だけが固まって行動することが多かった。いつも、日本人だけでランチに出る。役職を問わず、日本人だけで集まって会議を行う。そんな光景が散見された。しかも、そうした場で重要な情報が共有されたり、大事な決め事がなされたりするのである。

シカゴ支社の運営方法や、収益目標などの重要な事業プランが、知らぬ間に、本社の指針に基づいて変更されることもあった。事後に、その背景が詳しく共有されることは滅多にない。また、現地スタッフに、突然、細かなコスト削減を求めてきたり、クライアント訪問の際に入手すべき情報が追加されたりといったことが、頻繁に起こっていた。現地スタッフは、正確な意図も理解できないまま混乱し、仕事へのモチベーションは下がるいっぽうだった。

そんななかで赴任してきた浜田は、スポーツマンらしく、爽やかでオープンな性格のリーダーだった。現地スタッフとも積極的に話す時間を設けていたので、今度こそ、良い方向へ変わるに違いないと誰もが期待していたのだ。それだけに、マイクの落胆の度合いも大きかった。しかしマイクは、勇気を出して浜田と話し合いの場を持った。最初から問題の核心には踏み込まず、ふだんから気になっていた違和感を伝えたのである。

「浜田さんは、いつも現地スタッフに気を配ってくれますが、なぜ、もっと事業の目的や、浜田さんなりのビジョンを、我々現地スタッフに共有してくれないんですか？」

この質問を受けて驚いたのは、浜田のほうだった。浜田はシカゴ支社に来てからというもの、本社からの情報や中期計画などを毎回、現地スタッフにもメールで転送したり、資料を回覧したりして、共有する努力を惜しまなかったからだ。それをマイクに伝えると、思わぬ答えが返ってきた。

「確かに、そんなメールがあったかもしれないけれど、正直、あまり印象に残っていません。

ところで、私が提案した営業プロセスの改革ですが、浜田さんは、なぜ、三島さんとだけ話をして、決めてしまったのですか?」

浜田は、この発言に驚いた。三島には、マイクと連携して話を進めるように指示を出していたからだ。マイクは、さらに畳みかけてきた。

「正直言って、三島さんの役割がよく分かりません。浜田さんと現地スタッフとのあいだに、三島さんが入る必要があるんでしょうか? 三島さんの付加価値は何ですか?」

浜田はマイクとの面談を終えると、すぐに三島を呼んで話を聞いた。

「マイクから提案された件は、なぜ彼を巻き込まずに進めてしまったのか?」

三島は、特に悪びれもせずに、こう答えた。

「例の提案を実行するには、他の部門や、日本の本社の一部を巻き込む必要があり、日本語でのやり取りや、複雑なシステム変更の議論が必要でした。マイクも、いつも本社とのやり取りを嫌がっているので、私のほうで進めたほうがいいと思ったのです。マイクも喜ぶと思ったんですけどね。たしかに、事前に丁寧なコミュニケーションをしておくべきだったかもしれませんが、僕もそれなりに忙しいので……」

浜田は、シカゴに赴任してから自分が意識して行ってきた、現地スタッフとの連携を深める努力が、三島にはほとんど伝わっていないことに落胆した。いったい何がまちがっていたのか？　そして、そんな自分の気持ちも理解せずに、独りよがりの行動をしている三島に対しても、頼りにしていただけに、失望は隠せなかった……。

＊

この事例は、海外で組織運営の課題として、比較的よく見られる光景ではないだろうか。日本人だけで固まって、昼は定食屋、夜は居酒屋で過ごしたり、週末は日本人だけでゴルフに興じたりと、かつての日系企業でよく見られた姿だ。さすがに最近では少なくなっているかもしれないし、私が仕事で接している海外現地法人でも、現地スタッフと積極的にコミュニケーションを図り、組織をよくしようとしているリーダーや駐在員の数は、確実に増えていると感じる。

H社の浜田も、そういう意識を持ったリーダーの1人だろう。現地の事業部門のトップは多忙だ。また、営業の責任者として、計画達成へのプレッシャーも大きい。そんな多忙のなかでも、組織づくりのために時間を捻出し、現地スタッフとコミュニケーションを図る努力をしている。しかし、残念ながら、本人が思っているほど、マイクにはその努力が伝わっておらず、効果も上がっていないようだ。このギャップは、いったい、どこから生じているのか？

三島についても、似たようなものだ。決して悪気があるわけではなく、慣れない現場で少しでも現地の事業や組織を良くしようと頑張っているのは確かだ。マイクのことも気にかけており、彼が嫌がっていた日本本社とのやり取りは自分が担うなど、配慮もうかがえる。三島は、恐らくは、日本よりもはるかに多くのことが求められる環境のなかで、精一杯の努力をしていたはずだ。彼からすれば、こんなに頑張っているところを認めてほしい、という感覚だろう。にもかかわらず、マイクからは「付加価値が分からない」と評価されてしまっている。このギャップは、どこから生じているのか？

浜田と三島に共通しているのは、海外で通用する形でのリーダーシップが発揮できていないということだ。そこで、この章では、2人のように、せっかくの努力を逆効果にしないために、どのような考え方や心構えが求められるのかを考えてみたい。つまり、「海外の現場で求められるリーダーシップとは、どのようなものか」を、私自身がこれまで出会ってきたリーダーの姿や、私自身の体験も踏まえて考えてみたい。

まず、各論に入る前に、海外で求められるリーダー像について考えてみよう。

たとえば、日立金属の実例は、きわめて示唆に富んでいる。* 同社のタイ現地法人であるる日立金属タイランドは、2002年頃、収益面でも組織面でも非常に苦しい状況に陥っ

＊「離職率ゼロ！ 日立金属タイランドに学ぶ現地化のヒント」（GLOBIS知見録、2016年5月30日）
https://globis.jp/article/4328

ていた。しかし、当時のリーダーがさまざまな改革を推し進めた結果、今では収益も回復し、現地社員の離職率も劇的に下がった。現地スタッフからは「自分の子どもにも、ぜひ働かせたい会社」として称賛されるほど、大きな変革を成し遂げたのだ。

初期の改革の1つが、「日本人駐在員の大幅な削減」だった。日本人駐在員の役割を「経営人材」と位置づけ、本気で会社を立て直せる人材だけを残して、あとは全員帰国させたそうだ。さらに、「日本人駐在員の選定ルール」を設けた。そのルールとは、日立金属タイランドへの赴任候補となった日本人社員は、事前にタイに出張して、実際に現地で業務を行い、現地スタッフに適性を評価してもらうというものだ。適性がないと見なされれば、駐在できない仕組みだ。

同社によると、適性のない日本人駐在員の特徴を分析したところ、以下の3つが共通点として浮かび上がったという。

1　自分のコストを理解していない
2　現地スタッフを信用できず、日本人だけで決めてしまう
3　目的（夢）の共有ができないまま、枝葉末節の指示をする

冒頭の事例でいえば、三島も、ミドルマネジャーとして頑張っているという自分目線での見方ではなく、現地スタッフが自分をどう見ているかという意識があれば、仕事の仕方や振る舞いも変わったはずだ。現地の相場より高い給料をもらい、生活面でも手厚い支援を会社から受けている三島は、それ相応の成果をあげなければ、現地スタッフからは認められない。むしろ、ふつうの仕事ぶりでは、日本よりもマイナスの評価を受ける可能性があるのだ。

現地にも優秀な人材はたくさんいる。海外に赴任したら、もし自分が享受している給料や支援を現地スタッフに給与として支給したら、どのレベルの人材を採用できるか、また、その人材はどのレベルの仕事をするのか想像したうえで、業務に臨んでほしい。

ちなみに、日立金属タイランドでは、現地法人の財務状況や日本人駐在員の給与など、すべての情報を現地スタッフに開示した。これらの改革によって、日本人駐在員が自らの襟を正し、現地スタッフのモチベーションも向上し、収益面でも組織面でもうまく回りはじめていったという。

リーダーシップの問題は、第2章で述べた4つの壁のうち、「組織役割の壁」をどう乗り越えるかに関わっている。本章では、特に海外で重要だと私が考えている、リーダーが持つべきマインドセットについて見ていきたい。

ギブ＆テイクではなくギブ＆ギブ

２０１１年８月にワシントンで、日高義樹氏（元ＮＨＫのワシントン支局長、現ハドソン研究所の客員上級研究員）に、世界情勢などについてインタビューしたときのことだ。東日本大震災という未曾有の災害直後の折、日本の先行きは不透明だった。日高氏は、長年アメリカに滞在し、親米派の論客として活躍されてきた骨太のジャーナリストだ。

私はインタビューのなかで、こんな質問をした。

「グローバルで活躍するリーダーについて、どう考えるか？」

その問いに対して、日高氏がきっぱりと明言されたのが印象的だった。

「いかに個人としての関係が作れるかだ！　つまり、世界のどこへ行っても、個人としての人間関係を作れるかが問われている。会社対会社、組織対組織の関係なんて、たかが知れている。個人対個人の関係を、現地の人たちと作ることができる能力があるか。それが重要だ」

では、個人対個人の関係は、どうしたら作ることができるか。そう私が問いかけると、日高氏は次のように答えた。

「徹底的に相手に尽くすことだ。〈**ギブ、ギブ、ギブ**〉を徹底的にやるべきだ。見返りなど考えてはダメだ。〈ギブ&テイク〉という言葉があるが、相手から見返りを得ようなんて100年早い。逆を考えてみたらいい。あなたが逆の立場であれば、どういう外国人だったら信頼して、友だちになるだろうか。

〈グローバルリーダーになるには?〉などと言う前に、まずは、〈**自分は徹底的に相手に尽くし、貢献をしたのか**。困っているときに助けてあげたのか〉を振り返ってみるといいだろう。〈あいつは誠実で、本当にいい奴だ〉という評判を得られないと、他の人を紹介などしてくれない。逆にアメリカ人は、自分に尽くしてくれたことを決して忘れないという、とても義理堅いところがある」

私はこれを聞いたとき、翻って自分はどうだろうかと自問した。徹底的に相手に尽くしているだろうか? また、尽くしてくれた相手に対して、きちんと義理を返しているだろうか?

日高氏とのやり取りから、まずは、こうした人間としての基本的な姿勢がきわめて重要であり、地道に積み上げていくべきであることを学んだ。NHKのワシントン支局長という立場の日高氏でさえも、現地に乗り込んでから、地道に1つひとつ人間関係を真摯に構築して来られたということを痛切に感じた。

こうした地道な努力がなければ、異国の地で、とても個人対個人の関係は作れないだろう。いわんや、目先の損得や自己中心的に物事を考えるのは、もっての外だ。

似たような話を、田中秋人氏からも聞いたことがある。田中氏は、経営難に陥っていたイオン・マレーシアを2年で立て直した人物で、マレーシア、中国、香港の責任者として業務に携わり、イオンのアジアシフトを実現した立役者である。

田中氏も、「ビジネスは人脈（＝ネットワーク）が作るものである」と明言している。しかしそれは、ただ単に、知り合いの数や名刺の枚数を増やすという意味ではない。

「心の底からお互いに信頼しあい、助けあうことができる人脈（＝ネットワーク）を作るには、その人のためにどれだけ骨を折ってあげられるかが大切だ。〈**骨を折る**〉とは、その字のごとく、物すごく痛いことだ。みなさんは、どれくらい自分を捧げて、人に尽くしていくだろうか」

「ギブ、ギブ、ギブ」「相手に徹底的に尽くす」「相手のために骨を折る」は、卑屈になれと言っているのではない。心から相手のことを思い、相手の立場に立って、自分の良心に立ち返って、無償の心で接する、ということだ。異国の地では、現地スタッフから自分のために一肌脱いで頑張ろうと思ってもらうには、ビジネスライクな付き合い以上の関係を構築する必要があるのだ。

私自身が海外勤務のときに心がけていたのは、プライベートな部分も含めて、仲間の心情にできるかぎり寄り添うことだった。仲間や仲間の家族が病気で入院したときには、仕事が終わったあとに病院までお見舞いに行き、ご家族に不幸があったときにはお悔やみに駆けつけた。また、結婚式や出産、子どもの進学なども、我がことのように、ともに喜び祝った。台風や災害に襲われたときは、仲間のご家族や親戚に被害者は出ていないか、いち早く確認した。「自分が家族だったら、どう思うだろうか?」を念頭に置いて、動いていたように思う。

海外で働くということは、そもそも人様の国で働いているわけである。その国の社会、お客様やパートナー、従業員に対して、自分には何ができるのかを深く考え、自分がやれることを惜しみなく提供する。まずは、ほかでもない自分自身が貢献することをつねに自省するためにも、「ギブ＆ギブ」を心に留めておいてほしい。

特に海外勤務では、企業や組織の代表という立場で赴任しているため、どうしても組織のアイデンティティで自身を語りがちだ。「うちの会社では……」といったように、主語が「私」ではなく「社名」になりがちかもしれない。もちろん、リーダーとしての責任感から、会社のことを考えて振る舞うことは大切なことだ。

しかし、より深い信頼関係を築くためには、組織や役職を盾にして自分が隠れたままでは不十分だ。問われるのは、いかに人間的な付き合いができるかであり、そこまでやって、初めて異国の地で信頼を勝ち得ることができるのだと、私は考えている。

コミュニケーションの基本となる3E

同僚と人間的な付き合いをすること以外にも、リーダーが心がけるべきことがある。

冒頭の事例で、浜田がマイクから「もっとビジョンや情報を共有してほしい」と指摘されたことを思い出してほしい。浜田自身は、ふだんから情報共有をしているつもりだったのに、なぜ相手に伝わっていなかったのか。本項では、特に海外で、部下とのコミュニケーションで大事な点は何かを説明したい。

私がいつも伝えているのは、次の3E[*]である（図5）。

1　エンゲージメント……Engagement
2　説明の徹底…………Explanation
3　期待値の明確化……Expectation

1つ目の**エンゲージメント（Engagement）**について説明しよう。これは、仕事を進める際に「お互いが同じ土俵に乗り、互いの貢献を認めあう」という意味だ。ここで重要なことは、「同じ土俵」「互いの貢献」といった状況や関係性をどう作るかだ。

そのためには、リーダーが部下に向かって一方的に話をするのではなく、「双方向性」を意識することが重要だ。「あなたはどうしたいのか?」「あなたの意見を聞かせてください」というように、まずは上司が部下に敬意を払い、双方向のコミュニケーションを意識することが「互い」を分かりあうための第一歩だ。

もう一点、エンゲージメントを高めるうえでの大事な要素は、「透明性」であると言わ

＊ この3Eは、『［新版］ブルー・オーシャン戦略』（W・チャン・キム，レネ・モボルニュ著、入山章栄監訳、有賀裕子訳、ダイヤモンド社、2015年）を参考にしたものである

図5 コミュニケーションの基本となる3E

Engagement	仕事を進める際に、お互いが同じ土俵に乗り、互いの貢献を認めあう
Explanation	なぜこのビジネスを行うのか、なぜこの仕事が大事なのかを、論理的に説明すること
Expectation	仕事を行ううえで、どのレベルの結果を求めるかの期待値を、事前に具体的に示すこと

れている。

前に紹介した日立金属タイランドでも、「透明性」と「双方向性」を実践していると言えるだろう。会社の財務情報、幹部クラスの給与情報を開示することで、透明性を高めている。

また、駐在員の適性を現地スタッフから評価してもらうことでも、双方向性を高めている。結果として、離職率が下がって会社への帰属意識が高まるなど、従業員のエンゲージメントが格段に向上したという好例だ。

2つ目の**説明の徹底（Explanation）**は、まさに文字通りの意味だ。「なぜこのビジネスを行うのか」「なぜこの仕事が大事なのか」といったことを、論理的に丁寧に説明するということだ。一見、当たり前で簡単そうに見えるが、それ相応の準備と知識が必要になる。

自分たちの仕事の意味、仕事の特性、自社の強みや弱み、そのマーケットにおける勝ちのポイントを、きちんと「分析」しよう。その後、必要なアクションを考え、自分自身の言葉で表現して「共有」する必要がある。お気づきかもしれないが、第4章で紹介したスキルがここで役に立つ。

3つ目の**期待値の明確化（Expectation）**は、仕事の成果や自己成長など、「私はあなたにどんなことを期待しているのか」を明確に伝えることである。そのためには、「相手の理解」と「相手からの期待値への共感」が必要だ。

部下の能力や想いを「理解」したうえで、上司から期待する将来像を示す。その将来像は示して終わりではなく、部下から「共感」を得ることが肝要だ。共感を得るためには、上司が一方的に期待を伝えるだけなく、部下のほうからも「自分はここまでしかできないだろう」「自分はもっとやれると考えている」といったフィードバックをきちんと受けて、すり合わせのステップを組み込むことが鍵となる。

本章の事例でいえば、浜田は、社内の人たちに一所懸命に伝えていると思い込んでいたが、この「共感」を得る形で伝えていなかったのだ。日本から来た情報を形ばかりで共有しても、心に残らない。共感を醸成するために必要なことは、「共体験のプロセス」だ。すなわち、状況を極力イメージしやすいようなストーリーや、そこに関わった人の感情なども、受け手と共有するプロセスを作ることがポイントになる。ここぞというときには、どういう場所で相手に伝えるべきか。たとえば、プロジェクトの現場や工場の生産現場を訪れて、実際に業務の状況を見ながら話をすることも一案だ。

また、どういう形で、どのように伝えるかの具体的な手段も、きめ細かく考えてほしい。たとえば、お客さんの声を録音したものを聞きながら、あるいは、現場の映像などを効果的に流しながら、疑似体験できるようにするのもいいだろう。

3Eのなかでも、この期待値の明確化（Expectation）は見落とされがちだ。特に日本企業は、ハイコンテキストな文化、つまり暗黙の了解のうちに物事が進むことが多いと言われている。一方、海外では、「ここまではやるべき」「このレベルは当然達成されるべき」が組織の常識として共有されていない場合が多い。そのため、きちんとコミュニケーションをしないと、上司と部下のあいだで認識がずれることが頻繁に起こる。さらに、日系企業では、特に欧米などで使われる、職務ごとの仕事内容や期待値を示す「職務記述書（ジョブ・ディスクリプション）」が明確になっていない組織も多い。そうした環境では、上司の側に、そもそも改まって期待値を確認する習慣もない場合が多い。そうすると、互いのずれが放置されたままになってしまう。

海外では、仕事の内容や期待値は、上司がしっかり示すべきで、期待値を示さないのは上司として失格だと見なされる傾向が強い。実際、私がベルギーで部下を持った際に、年度末に行った部下との評価面談のなかで、いくつかの改善点を指摘した。それに対して、ベルギー人の部下から最初に出た言葉が「公正ではありません（アンフェアー）」だったことに驚いた。改善点として指摘したことが、当初からの期待であるなら、最初から伝えておいてもらわないと分からない。期待を伝えずして、あとからそれを指摘するのは公正ではない、という主張だった。当時の私には、「あなたぐらいの経験と給与なら、当然この程度のことは言われなくてもやってもらわないと困る」という、ある意味で身勝手な基準があったのだろう。「言わずとも伝わるはずだ」の発想は、捨てなければならない。

もう1つの体験を紹介すると、海外の赴任先ではイランでもベルギーでも、「当たり前の話」を延々と話す人が多いことを不思議に思っていた。なぜあんなに長々としつこく話すのだろう？　もうそこは分かっているから先に進んでくれ、と思って黙って聞いていた。しかし、あとで気づいたのは、人によっては「当たり前の話」でも「分かっている話」でもないということだった。生まれ持った環境や土地が変われば、「共通の当たり前」は存在しない。同様に「当たり前の期待値」なども存在しない。お互いがどんなことを期待しているのか、どんな「当たり前」があるのかを、しつこいくらいに確認する必要があると、これらの経験から学んだ。

ここで、期待値を伝え、確認する際に効果的な、「SMART」というフレームワークを紹介しよう。

その期待値は、

S：具体的であるか？……………Specific
M：測定可能であるか？…………Measurable
A：実現可能か？…………………Achievable
R：経営目標に沿っているか？……Relevant
T：時間軸は明確か？……………Time-bound

あなたが部下に期待することに、この5つの要素が盛り込まれていることを確認すれば、具体的なイメージの共有がしやすくなるだろう。

ちなみにSMARTは、業務の目標設定時によく使われるフレームワークではあるが、私はこれに「W」の1文字を加えることをお勧めしたい。

W：ワクワクできるか……………Waku-Waku

これは、グロービスの人事責任者が社内研修で「ＳＭＡＲＴに足りないものは何か？」と問いかけ、答えとして示していたものだ。半分はウケ狙いだったのかもしれないが、半分は真面目に伝えたかったのだと思う。確かにＳＭＡＲＴだけだと、論理性ばかりが強調されやすい。感情面も含めて期待値を具体化すれば、相手の共感も得られやすいだろう。

言葉が伝わる度合いは36%!?

海外では、共通のコミュニケーションツールとして英語が使われる。今では、世界中どこへ行っても英語だ。中国でも、東南アジアでも、南米でも、ほとんどのビジネスパーソンが英語を使いこなすようになった。母語が英語ではなくても、第二言語、第三言語として話している人も多いだろう。

そこで、英語がいくらか得意な人でも英語で話す場合、母語で話す場合に比べて、どれくらいその内容は伝わるのだろう？　私の肌感覚では、本当に言いたいことの6割くらいが伝われば良いほうだと思う。聞き手も同様に英語が第一言語でなければ、母語で聞くより理解力が落ちるのは当然で、言われたことの6割を理解できれば良いほうかもしれない。ということは、語るほうが60％、聞くほうが60％なので、伝えたいことの、せいぜい36％（＝60％×60％）くらいしか伝わらないと認識しておいたほうがいい。この捉え方は、先述した日立金属タイランドの岸大輔氏がおっしゃっていたことで、とても分かりやすかったので、ここで紹介させていただいた。

仮に、双方の語る力・聞く力が半分しかなかったら、50％×50％＝25％、つまり4分の1しか伝わらないことになる。こうした状況では、十分な意思疎通を図ることはきわめて困難だろう。しかし、まずは事実として、この前提に立つことが重要だ。

では、どう対処したらいいのか？　単純計算するなら、100％伝えたければ、3倍の努力が必要になる。36％×3回＝108％となるので、同じことを3回言って、やっと伝わるという計算だ。

しかし、実際の仕事ではどうだろうか？　多くの日本人駐在員の様子を見ていると、そこまで伝え切る努力をしている人は、あまり多くはなさそうだ。むしろ、日本人相手の会話と比べて、現地の人と話す時間が短くなっていないだろうか？　かく言う私自身も耳の痛いところがあって、日本語以外でコミュニケーションをする場合、複雑な内容ほど説明の難易度も上がってしまう。そのため「まぁ、そこまで言わなくてもいいかな」と、しっかり説明しきらずに流してしまうこともある。日本語の場合であれば、「複雑だからこそ、念には念をいれて話そう」という気になるのだが……。

このように、そもそもコミュニケーションに割く時間が少ないとしたら、どうなるか。たとえば、通常、日本人同士にかける時間の3分の1程度しか時間をかけていないとしたら、36％÷3＝12％、つまり伝えたいことの1割程度しか伝わっていないことになる。

海外駐在員から「現地の人にも、ちゃんと伝えているはずなんですが……」という言葉をよく耳にするが、実際のところは、1回限りの淡白な伝え方しかしていないのではないか。それなら、12％しか伝わっていない。「伝えているはず」と思っているのは本人だけで、受け手はまったく認識できていないはずだ。

まず重視すべきはコミュニケーションの「質」を上げることよりも、「量」を増やすことなのだ。いくら言っても「言いすぎる」ことはない。むしろ「言いすぎではないか」と思うくらいが、ちょうどいいだろう。

だが、前述したように、海外勤務では、やることが山積みだ。どうやってコミュニケーションの時間を確保すればいいのか？

当時、日立金属タイランドの工場長を務められた岸氏は、こう語っている。

「特に就任してすぐの頃は、日中はいつもスタッフや取引先とのコミュニケーションの時間に充てざるを得ませんでした。自分の仕事はすべて夜に回してでも、コミュニケーションを取るべきだと覚悟していました」

一見、自己犠牲をしているように思えるかもしれないが、岸氏はメリットも実感している。

「コミュニケーションを通じて仕事以外での関係が作れていると、仕事での誤解も起こりにくいんです。同じ趣味や関心の話題があれば、接点づくりのチャンスです。また、冠婚葬祭には必ず出席して、スタッフの人となりを理解することは重要です。そうすると、仕事で何か誤解が生じるようなことが起こっても、〈岸さんは、そんな人ではないはずだ〉と、誤解を解こうとする意識を持ってもらえます。そういう意味では、仕事以外の部分で、コミュニケーションの量を増やすことも、きわめて大事になってくるでしょう」

コミュニケーションの量や頻度を考えるうえで、もう1つエピソードを紹介しよう。

コマツは日本を代表する建設機械メーカーだが、その米現地法人コマツ・アメリカのCEOとCOOのお2人から話をうかがう機会があった。当時のコマツの海外拠点では「ツートップ制」を導入しており、現地スタッフと日本人駐在員が、2人1組で経営にあたっていた。当時、コマツ・アメリカのCEOはアメリカ人のデイブ・グルゼラック氏で、COOは日本人の篠塚久志氏であった。

篠塚氏は「私とデイブは、めちゃくちゃコミュニケーションをとっている」と語った。「めちゃくちゃとは、どれくらいですか？」と、私が聞くと、篠塚氏はこう答えた。「必ず毎日、話をするようにしている。2人がオフィスにいるときは顔を合わせて、オフィスにいないときは電話で話すようにしている。先日、デイブがアフリカの鉱山にユーザー訪問したときは、かなり奥地だったため携帯電話もつながらず、3日間連絡が取れなくなった。3日後に電話が通じたときの第一声は〈ものすごく久しぶりだね（Long Time No See）〉だった。話せなかったのは、たった3日間だけなのに」

篠塚氏の話は、これくらいやって初めてコミュニケーションは成立する、という良い例だ。篠塚氏いわく、このプロセスを経たからこそ、2人の声は完全に「1人の経営者の声」になっていったそうだ。グルゼラック氏は、2人のあいだで議論して決まったことは、どんなことがあっても自分の言葉として従業員に語ってくれた。篠塚氏も、2人のあいだで話して決めたことは、自分の言葉として本社に伝え、連携していた。両者とも、これだけは絶対に貫いた。こうした信頼関係があったからこそ、事業がうまく回ったのだという。

世界のコマツの米国市場を率いる2人は、さぞかし多忙を極めたであろう。その彼らがここまで努力していることに、私は心底驚き、同時に深く共感した。彼らの努力に比べたら、自分のコミュニケーションなど、ほぼゼロに等しいと思い知らされたことを、今でもはっきりと覚えている。

信頼関係を築くには、コミュニケーションの「量」に徹底的にこだわりつづける必要があることを、ぜひ心に留めておいてほしい。

異文化理解を超えて、自社独自の文化を創るには

最後に、海外拠点のリーダーにとって、自社独自の文化を創ることが、いかに重要かについて述べたい。

多くのグローバル企業は、自社はアメリカ系だからとか、ドイツ系だからとか、創業地の国の名前を必要以上にアピールしようとはしない。むしろ、そうすることを避けている

ように見える。「我が社はアメリカのＩＢＭだ！」「イギリスのユニリーバだ！」というのは、あまり聞いたことがないだろう。それぞれ、「ＩＢＭの文化は○○」、「ユニリーバの哲学は○○」など、国名を語らずに、あくまで自社の文化を訴えようとしている。

ただし、経営共創基盤の冨山和彦氏がよく言っておられることだが、グローバルで成功している企業は、自社固有の文化を創るなかで、ＩＢＭは米国東部の匂いをぷんぷんさせているし、アップル社は西海岸のノリを感じさせてくれるし、ＩＫＥＡは北欧の香りを漂わせている。*自社が国名を語らないのは、創業地の特性を打ち消すべきだ、と言っているのではない。むしろ創業地で培われたことが、何より大切なこととして自社の文化のなかで息づいているのだ。そこを否定しているわけではない。ただ、グローバル企業の姿勢を見てみると、あえて国名を言わずに「自社の文化」を語る姿勢を大事にしているように思える。

そもそも、組織文化とは、何を意味するのか？　グロービスの定義をご紹介しよう。「組織文化は、組織の持つ信念、価値観、行動規範の集合体であり、企業の盛衰を左右する大きな要素の１つだ。組織文化は、企業の構成員のものの見方や行動を規定する」**

*「ワタミ・渡邉美樹氏×グリー・田中良和氏×経営共創基盤・冨山和彦氏〈この国を次代につなぐ"世代の責任"とは〉」（GLOBIS知見録、2011年3月1日）https://globis.jp/article/2349

**『グロービスMBAマネジメント・ブック 改訂3版』グロービス経営大学院編著、ダイヤモンド社、2008年

図6 組織文化の形成過程

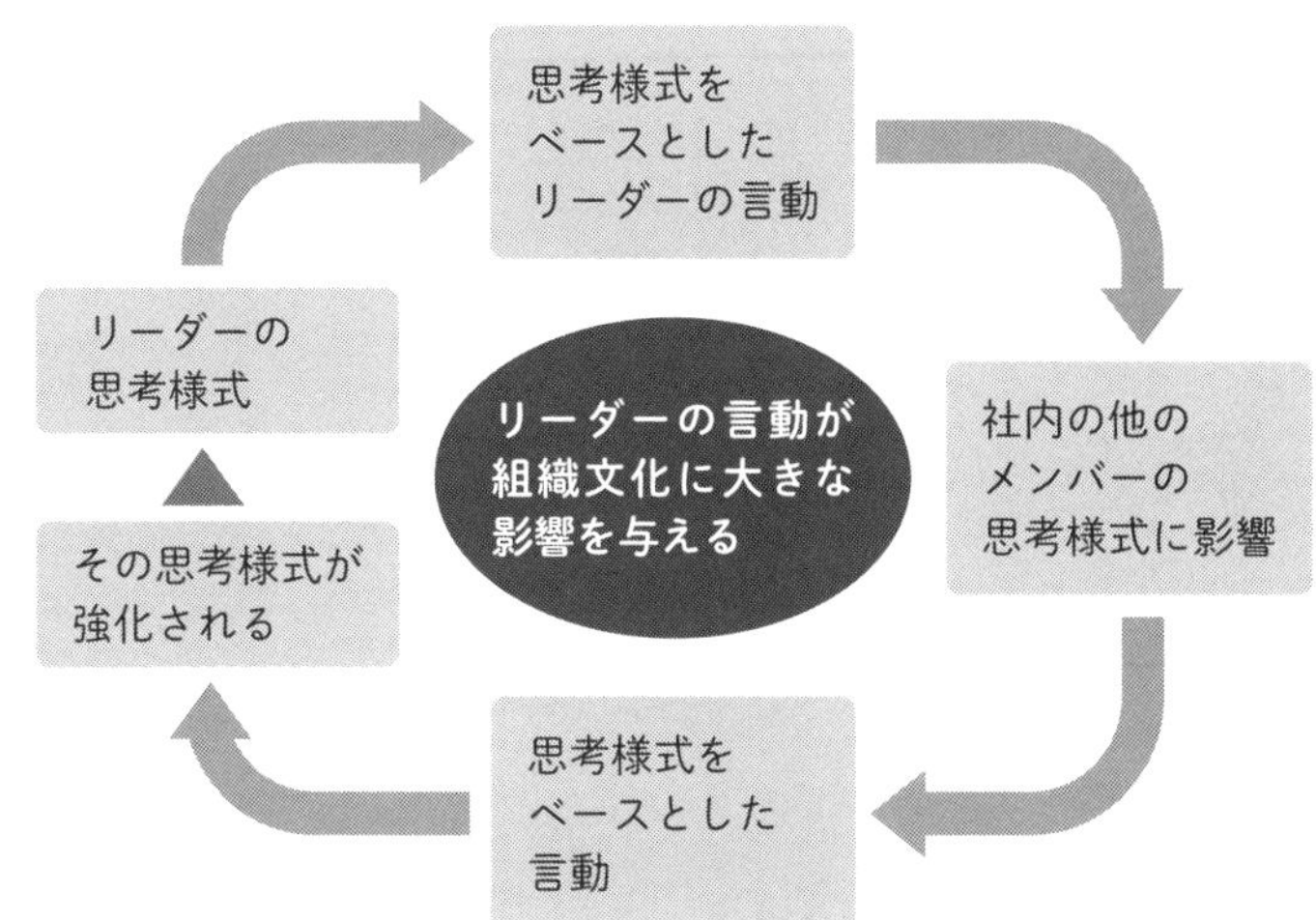

出典：『MBA人材マネジメント』グロービス著、ダイヤモンド社、2002年（一部加筆）

こうした組織文化は、どのように醸成され、どのように組織全体に広がり、受け継がれていくのか。入社してきた社員が、いつのまにかその企業の組織文化や風土に染まり、その企業の「らしさ」をどう身に付けていくのか。

グロービスでは、リーダーを含む組織構成員の「思考」「言葉」「行動」が、組織文化を形成していると位置づけている（図6）。

まず起点となるのが、リーダーの思考様式だ。言葉はどのような思考様式を持つかに規定されるので、リーダーは、自分がどのような考えを持っているのか、持つべきなのかを明確に意識することが重要だ。ここでいう思考様式とは、考え方の特徴的な部分、あるいは、癖と言ってもいいだろう。

たとえば、大所高所からの自由な発想を重視するタイプなのか、細かな点や現場の些細な変化に徹底的にこだわるタイプなのか。あるいは、リスクを積極的に取りにいくタイプなのか、リスクを極力回避するタイプなのか、といった思考の違いだ。

次に、自分の思考様式（考え）を、どのような言葉で伝えるのか、どのような行動で示すのかが問われる。すなわち、「言語選択へのこだわり」と「自身の見え方へのこだわり」が肝となる。なぜなら、**リーダーの使う言葉、リーダーの見せる姿が社内の他のメンバーに影響を及ぼし、メンバーの思考を促す**からだ。

たとえば、トヨタ用語で「現地現物」という言葉を聞いたことがあるだろう。トヨタでは、似たような意味なのに「現場を確認したか？」という言い方は許されない。必ず「現地現物したか？」と言う。この言葉には、その場所である「現地」に必ずきちんと出向いて、しっかり「モノ（現物）」を見てこいという強いこだわりが託されているのだ。こうした環境に身を置いていると、メンバーも、その思考様式をベースとした言動を取るようになる。こうして、組織全体としての思考様式・言動が、サイクルとして強化されていくというメカニズムだ。

リーダーは、つねにメンバーに見られている。だから、組織文化の起点となる自身の言動がどんな影響をもたらすのか、つねに自覚すべきである。よく言われるように、「組織はリーダーを映す鏡」なのだ。

時折、海外拠点のトップやリーダーからの悩みを耳にする。

「ウチの拠点は、自社の文化がメンバーに根付いていない」

「海外では、自社としてのあるべき言動が取れていない」

これはまさに、トップやリーダーたちの姿を、その組織が鏡のように映し出していると認識すべきだろう。つまり、海外拠点を率いるリーダーの「思考様式」「言葉」「行動」のどれか、あるいはすべてに問題がある可能性が高いのだ。自社の文化は、リーダーにしか創れないのだから。海外現地法人のトップとして赴任したら、自分は組織文化の管理人であること、組織の成長は自分の器で決まることを、ぜひ肝に銘じてほしい。

組織文化を各国で着実に根付かせ、事業を成長させていくのに非常に優れている好例として、ユニリーバを紹介したい。同社は、P&Gとともに日用品のグローバル市場をリードする優良企業だが、新興国での強さが際立っているのが特徴だ。他社があまり実績を出したことのない新興国に分け入って、現地に自社の文化と事業を根付かせ、成功を収めている。その証拠に、同社の収益の50%は新興国での事業が占めている。その強さの秘密について、ユニリーバのアジア太平洋地域のマーケティング・ディレクター、サンディープ・コーリ氏にインタビューしたことがある。*

サンディープ氏は、自社の文化を現地に根付かせるための重要な要素として、4Pという枠組みで語ってくれた。すなわち、次の4つだ。

1 人 (People)……消費者
2 パートナー (Partner)……協業企業
3 目的 (Purpose)……現地で共感を得られる目的
4 人 (People)……従業員

1つ目の「人」は、現地の「消費者」を指す。当然のことながら、現地の人々の生活を理解しなければならない。

2つ目の「パートナー」は、販売店や流通などの協業企業のことだ。それらの組織のビジネスを後押しするために、人材育成やシステム投資も積極的に支援するという。

3つ目の「目的」は、特に新興国では重要な要素だと、サンディープ氏は考えているそ

＊「収益の50%は新興国から！ ユニリーバの強さの秘密は4つの“P”」（GLOBIS知見録、2015年6月9日）
https://globis.jp/article/1353

うだ。そもそも、「何のために、その国で仕事をするのか」を明確に言える企業はどれだけあるだろうか。縁もゆかりもない土地で、顧客もパートナーも含めた、さまざまな人々を巻き込んでビジネスを行うためには、その土地で成し遂げようとしている目的を掲げ、それが共感を得られるものでなければならない。

たとえばユニリーバでは、「子どもたちの命を救う」という目的を掲げて、石鹸を販売している。世界で何千万人という子どもが、非衛生な環境のために、5歳になる前に命を落としている。ユニリーバは、石鹸の販売そのものを目的としていない。子どもやその親たちを対象に、手洗いの方法や清潔を保つことの意義などを教えるプログラムを展開し、「子どもたちの命を救う」という目的の達成をめざしている。そのために、リーダーやメンバーが日々自分たちの考え方を振り返り、あるべき行動は何かに注意を払っているのだ。

4つ目に、ふたたび登場する「人」は、「従業員」を指す。ユニリーバは、新興国においても従業員に高い能力基準を求めている。さらに、どの国の従業員も、世界で通用する最高の人材となるように育成する。ユニリーバが掲げている願いは、人々が「心も体も元気で美しく、より充実した日々を送るため」というものだが、この願いは、世界中のユニリーバの社員の行動のなかに貫かれている。価値観の基準に妥協はない。ユニリーバで働くスタッフは、世界中のどのオフィスへ行っても「ユニリーバ」を肌で感じることができるそうだ。

ユニリーバの組織戦略は、新興国だけでなく、海外で新しい事業を作ろうとしている組織にとって、きわめて示唆に富んだものだ。組織文化の浸透が、組織の成長に深く影響することを、ご理解いただけたと思う。

ちなみに、日本国内であっても、リーダーとして、組織や組織文化を変えることの難しさを感じておられる方も多いはずだ。ましてや海外に行けば、変革の難易度は格段に高くなりそうだと想像するかもしれない。しかし、海外の現場において、自らの思考様式、言葉、行動によって、新しい組織文化を創り上げたリーダーを、私は何人も見てきた。

実は、こうした変革は、海外のほうがやりやすい。なぜなら、海外拠点のほうが、組織文化形成のサイクルを回しやすいからだ。現場に立つリーダーとして、どうすればよいか、真剣に思考する。その思考を自分の言葉に落とし込む。それができれば、海外拠点は本社に比べて規模も小さいので、直接社員に語りかけることができる。そして、自身の行動を直接見せる機会も作りやすい。私が知っているリーダーのなかには、こうした海外での経験を逆に本社の変革に活かしている方もいる。

言い換えれば、海外拠点はリーダー次第で、ガラッと状況が変わってしまうことがよくある。スタッフへの不満を嘆く前に、いかにリーダーの責任が重いものかを十分に自覚してもらいたい。

最後に、「リーダーシップを身に付けるうえで大事にしたい問い」を次頁の図7にまとめたので、自問自答しながら、1つひとつチェックしていただきたい。

図7　リーダーシップを身に付けるうえで大事にしたい問い

- [ ] その国で自分が貢献できることは何かを真剣に考え、ギブ＆ギブの毎日を送っているか？
- [ ] 最初から見返りを期待していないか？

- [ ] 部下のエンゲージメントを高められるように、双方向性と透明性を意識しながらコミュニケーションを取っているか？
- [ ] 部下に対して、「なぜこのビジネスを行うのか」「なぜこの仕事が大事なのか」について説明を徹底しているか？
- [ ] 部下に対して、自分の期待値を明確に伝えているか？
また、部下からそれに対して共感を得ることができているか？

- [ ] 自国において、自国語でコミュニケーションする場合に比べて、3倍の量でコミュニケーションをしているか？

- [ ] 自分の言動が組織文化を創っているという自覚はあるか？
- [ ] 組織がおかしいと感じたときに、自分の発している言葉、自分が取っている行動を振り返っているか？

6 異国の地でどんな自分でいるのか

最後に求められるのは、主観的な判断力

海外でリーダーシップを発揮して成果をあげるために、もう1つ重要なことがある。あなた自身の主観的な判断力だ。

そもそも、主観的な判断力とは何なのか？　なぜ、それが必要なのか？　それが欠けていると、どんな事態に陥るのか？　まずは事例を通して見ていこう。

海外事例

インドネシアの新規案件で、決断を迫られるリーダー・宮田の苦悩

「もっと収益予測の精度を上げた計画を、持ってきてほしい」

　C社のインドネシア支店で新規プロジェクトを統括する宮田は、会議の最後にメンバーたちに訴えた。C社は、自動車用部品を主力とするメーカーで、中期経営計画に、全社における海外売上の比率を3年後には50％まで引き上げることを盛り込んでいる。すべての事業部で海外事業の拡大に取り組んできた結果、目標の達成が視野に入ってきた。

　その一方で、拡大を急ぐあまり、新規事業のなかには問題を抱えたものも少なくなかった。潜在リスクの高い事業や、十分な準備をしないまま進めている事業が、本社で問題視されはじめたのである。

　そのため、経営企画部などの事業管理を担う部署は、新規事業計画をこれまで以上に厳しく精査するようになっていた。つまり、各事業部門のリーダーには、「海外での新規事業の拡大」と「リスクヘッジ策の徹底」という、ある意味で相反する2つのプレッシャーが大きくのしかかっていたのだ。

　そんな状況下で、宮田は神経質になっており、主要メンバーである部下の木村に対して、しつこく確認を求めていた。

「この売上計画について、現地パートナーは十分に理解しているのか？　それから、現地パートナーにお願いしているサービスネットワークづくりの段取りは、どこまで進んでいるんだ？」

こうした細部まで、きちんと押さえておかないと、本社の許可はとても下りそうにない。これに対して木村は、きっぱりと答えた。

「すでに現地パートナーも巻き込んで、売上計画を三度も練り直しましたよ」

実際、宮田から見ても、需要予測やニーズの変化、競合の動きなどについて、入手可能な情報はほぼ出揃っていた。とはいえ、不安要素もあった。インドネシア政府は、予定している外国企業への優遇政策を、遅滞なく施行してくれるのだろうか。また、現地パートナーが、サービスネットワークに対する投資を、事業計画通りにきちんと進めてくれるのだろうか。この2点の動向次第では、売上の伸びや、黒字化のタイミングが大きく変わってくるため、宮田には悩みが尽きなかった。

こうした懸念はあったものの、現地パートナーからは、資金の裏付けや人員の採用計画、土地取得の計画などを入手しており、木村も、実際に現場に何度も足を運んで確認していた。政府の動向についても、手をこまねいているだけではなく、情報収集を進めてきた。そんな状況だったので、逆に木村が宮田に訴えた。

「これ以上の精査をしても、残っている項目の不確定要素をさらに潰しこむのは無理な相談です。いくら時間をかけても、事業計画の精度を上げられるとは思いません」

しかも、宮田には、気がかりなことがもう1つ出てきていた。最近、競合他社が、C

社と同じパートナー企業に協働を持ちかけているという噂を耳にしたのだ。早急にプロジェクトを進めなければ、チャンスを逃してしまうかもしれない。

宮田は迅速な決断を迫られていたが、本社のリスク管理は厳しさを増しており、このままでは稟議を通す自信がなかった。また、他の国の案件で、現地パートナーとのトラブルが頻発しているという噂が社内に流れていた。そのため、宮田のプロジェクトでも、現地パートナーの信頼性を十分に説明する必要があると感じていた。

その一方で、これまでプロジェクトチームにはかなりの無理を強いており、インドネシアでこれ以上の情報を得る困難さは宮田自身も理解していた。それだけに、宮田はどう対処すべきか悩んでいたのだ。おまけに、本社の役員で、海外経験のある者はほとんどが欧米市場の論理で考える傾向があった。これでは、インドネシア独自の事情に理解を得られるのかどうかも、おぼつかない。

結局、宮田は、もう一度事業計画を練り直すよう木村に指示した。現地パートナーに出向いて事情を説明し、事業計画のシミュレーションをやりなおし、懸念点を潰しこむようにと。

2週間後の会議で、木村からは4度目の事業計画の説明がなされた。木村の努力の甲斐もあって、残された懸念点への対応策について、かなり突っ込んだ議論ができた。

最終的に、対応策は2つの案に絞られた。A案は、ある程度リスクは覚悟のうえで、当初予定通りの市場獲得を目指す規模で事業を始める案だ。B案は、事業を開始する時点でリスクを最小限に抑えるために、縮小した規模で事業を始める案だ。B案にした場合、競合に見劣りする可能性もあるが、目をつぶるしかない。

渋々ながらも事業計画の練り直しに根気よく応じた木村も、不確実性の高い状況で、ここまで事業計画を詰めることができたことに、達成感を覚えているようだった。宮田も、こだわりを持って最後まで粘った甲斐があったと感じていた。木村が採択を促した。

「宮田さん、どちらで行きますか？」

「ビジネス自体を成功させるには、A案でいかざるを得ないだろう。しかし、社内で否決されては元も子もないので、B案も捨てがたい……」

「宮田さん、結局、A案ですか？　B案ですか？　どちらにせよ、パートナーには早く方針を伝えて次の手を打たないと、この案件自体が手遅れになりますよ！」

宮田は、木村の断固とした反応にうろたえた。内心、そんな単純な話ではないと思いつつ、努めて冷静に答えた。

「最終的な決裁権は、東京の本社にあるから、ここでは決められない。どのリスクを取るかは、審査部が判断することなんだよ」

しかし木村は納得できないようで、さらに畳みかけてきた。

「そんなことは分かってますよ。しかし、現地としての結論を持ち、それに備えた動きを今から始めないと、パートナーからの信頼を失いますよ」

＊

あなたが、リーダーの宮田の立場だったら、どういう判断を下しただろうか？　インドネシアのような不確実性の高い市場で精緻な事業計画を立てるのは至難の業だ。マクロ環境の流動性、スピードと変化の多い事業環境、情報の入手経路や正確さなど、きわめて不確定要素が大きい。不確実性が高くなるほど、社内の経営企画部や審査部などは事業推進に対して慎重になりがちだし、リスク管理は厳しさを増していく。

こうした環境で事業拡大を任されるリーダーは、非常に苦しい条件下で仕事を進めることになる。本社で管理業務をきちんとこなして評価されてきた人ほど、失敗を回避するために血眼になりがちだ。宮田もそんなリーダーの1人だろう。事業計画を何度も精査し、リスクとリターンを客観的に分析して、成功確率を高めようと最大限の努力をする。そのためには、高いビジネススキルと論理的思考力が求められるのは、第4章でも述べた通りだ。

しかし、客観的な判断だけで結論が出せるのであれば、極端な言い方だが、リーダーは不要だ。もちろん、客観性の追求はとことんやるべきだ。なにも徹底的な分析や精査を否定しているのではない。ただ、どんなに理詰めで考えても、それだけでは結論が出ないこともあるのだ。

C社の例で考えるなら、2つの案のどちらにも相応のメリットとデメリットがあり、優劣つけがたいといえるだろう。競合他社がどんどん入ってくる市場でいちはやく大きな存在感を獲得するには、一気に投資するA案で進めないと、事業の成功確度は下がってしまいそうだ。しかし、現時点で残された不確定要素を考えると、最初からまとまった投資をするリスクも無視できない。B案で進めれば、投資リスクは下がるが、うまく事業を拡大できないおそれもある。そうなると、そもそもの目的を達成しづらくなり、事業そのものが立ち行かなくなる可能性もある。

つまり、練りに練った事業計画をこれ以上客観的に精査しても、解決策は出てこないのだ。したがって、最終的には、主観的な判断で決着をつけるしかない。この最後の主観的判断を行う立場であることが、リーダーがリーダーたる所以であると私は考える。特に不確実性の高い海外事業ほど、現場の最前線にいるリーダーが、自分なりの主観的判断を行うことが非常に重要になってくる。自分なりの主観的判断とは、言い換えると「意思決定の軸」を持っているかどうかだ。

イオンの前身である岡田屋を、岡田卓也氏とともに牽引してこられた名経営者の小嶋千鶴子氏は、客観的判断・主観的判断に関してこう述べている。*

「客観的とは、どこまでが確定的で、どこまでが不確定かという確定・不確定要素を冷静に分析できるということである。一〇〇パーセント確定的であることはまずない。あとの何パーセントかは不確定なまま決断せざるを得ないのである。その不確定性に対して主観的判断が必要になる。〔中略〕主観的判断力とは、不確定性の部分に対してリスクを負えるという勇気である。不確実と知りながら一つの決断をするリスクに対して臆病でないということである。そのリスクを負って、なおかつ前に進もうというわけだから、そこには**自分の覚悟なり信念がないと踏み込むことはできない**。その意味で主観的判断の背景には、**自分の心を強く揺り動かすだけの何らかの要素がなければならない**」〔太字は高橋による〕

私は、この小嶋氏の考えに深く共感する。主観的判断というのは、その時々の気分や好みで決めるという意味ではなく、**確固たる主義主張に裏打ちされたもの**だということだ。

＊『あしあと』小嶋千鶴子著、求龍堂、1997年

どんな状況下でも、リーダーが絶対に持っていなければならないものなのだ。

C社の宮田は、残念ながら、リーダーとしての大事な役割を十分に果たしていないようだ。細かなところまで配慮し、プロジェクトメンバーを動かしてはいるが、インドネシアでビジネスを推進していくうえでの確固たる信念や、その裏付けとなる確固とした主義主張が見えづらい。いつまでも結論を出せずに、いたずらに時間を浪費していることは否めない。

とはいえ、誰もが自分なりの「軸」を持っているわけではない。実は、私が企業研修で接する人のなかにも、宮田のように、いろいろと考えてはいるのだが、最後に決めきれない人は思いのほか多い。自社の事業における課題に関して、分析し、状況を判断し、対応策としていくつかの選択肢を出すところまでは進むのだが、最終的にどれを選ぶのかと問われると、とたんに言葉に詰まってしまう。それぞれのオプションの長短ばかりを説明するだけで、「私はこれを選ぶ」という決断まで踏み込めないのだ。

そこで、この最終章では、どうすれば確固たる信念に裏打ちされた主観的な判断をできるようになるのかを考えていきたい。

主観的な判断とは何か

自分がどんな「主観」（考え方や価値観）を持っているかを具体的に語れる人は、意外に少ない。主観の土台となるのは、自分なりの覚悟や信念などだが、それらは、

「自己の内省→自己実現の実践→学びの振り返りと、さらなる内省」

といった、内省と実践のサイクルを継続的に回しつづけることで構築されるものだ。このサイクルで重要なのは、次のような哲学的な問いにきちんと向き合っているかどうかだ。

「そもそも、何のために生まれてきたのか？」
「この一度限りの命を、何に使おうとしているのか？」
「死ぬときに、何を残せたら良い人生だったと言えるのか？」

こうした問いに真剣に向き合い、さらには言語化する機会を持った経験がある人は、少数派かもしれない。こうした問いに向き合っていないと、海外で差し迫った判断を迫られた際に、腹をくくった意思決定ができない。もしくは、無難な意思決定に甘んじることになりかねない。結果、海外でビジネスを切り開き、組織を率いて、現地社会に貢献することは困難となるだろう。

そもそも、私たちは何のために生まれてきたのか。言い換えると、「**自身の志は何か？**」という問いに向き合うには、どうすればいいのか。日々の業務に追われているだけでは、深い内省は難しい。

たとえば、ビジネスの世界だけでなく、歴史上の偉人や、さまざまな分野のリーダーたちの生き様に触れてみるのは1つの手だ。偉大なるリーダーも、1人の生身の人間にすぎない。その人が志を高めるうえで、人生にどのように「向き合った」のか。あるいは、さまざまな判断を下すとき、どのように「思考した」のか。それを紐解いてみれば、貴重な気づきが得られると思う。

ちなみに、私が行っている企業幹部向けのグローバルリーダー育成研修においても、参加者の「軸」を明確にすることを、1つの柱に置いている。過去に実施したプログラムを振り返ると、自身の持つ主観は何かという問いに真摯に向き合い、自分の軸を明確にしたリーダーは、組織を率いるリーダーとして最終的に経営幹部に選ばれている。では、リーダーたちは、自らの軸をどのような言葉で表現したのだろう。

「反対されたもののなかにこそチャンスがあると考え、あきらめずにチャレンジしつづける」
「迷ったときは、あえて茨(いばら)の道のほうを選ぶ」
「自分はつねに現場を最も重視する」
「人々の幸せに繋がると自分が信じていることしかやらない」
「どんなことがあっても、仲間を信頼する」
「その国の人々の幸せを第一に考える」
「従業員の自己成長をつねに考える」

どれも合理性というよりは、直感的に湧き上がる自身のこだわりを表現したものだ。譲れないものを持っているリーダーは強い。

なお、企業に対して研修を行う場合、1人ひとりの主観に踏み込む前に、まずはその企業自体が持つ主観は何かを深掘りする。企業が持つ主観とは、端的にいえば「企業理念」

だ。企業理念を理解するには、組織の歴史を紐解くことが何より有効だ。具体的には、企業の歴史上の重要な出来事を抽出して、それらがどのような背景で起こり、どのような人物がいかなる考え方で関わったのかを掘り下げるのである。

特に、企業の明暗を分けるような重要な意思決定がどのように行われたかは、丁寧に紐解いていく。意思決定のストーリーに着目する理由は、これまで述べてきたように、客観的判断に加えて、主観的判断がどうなされたかを見ることができるからだ。すなわち、その企業の主観的判断を学ぶ宝庫だといえよう。

ストーリーを紐解く際は、当時の時代背景、業界の状況、市場の変化、社内の環境など、詳細な情報を押さえることが重要だ。そうすれば、ストーリーを追体験でき、自社の持つ主観的判断や経営理念を腹落ちさせることができる。

このようなプロセスを通じて経営理念への理解が進むと、参加者の目つきも変わっていく。多くは、とても明るい顔になる。その理由を聞くと、こんな答えが返ってくる。

「日々起こるさまざまな意思決定が、理解しやすくなった」
「自社のこだわりを理解したことで、それまで疑問に思っていたことが納得できた」
「経営理念に共感し、日々の仕事にやりがいや意義を見出すことができて、明るい気持ちになった」

こうした研修には、日本人だけでなく、外国人幹部候補も参加しているが、彼らからも同様に大変ポジティブな反応がある。

このように、自己理解だけでなく、自社への理解を深めることも、意思決定の「軸」を形作ってくれる。

先が見えないなかで意思決定を行う必要性は、今後ますます高まるだろう。そのためにも、自身の主観的判断の軸は何かを何度も深掘りして、みがいてほしい。また、第3章でも述べたように、海外へ出る前に、少なくとも自社の歴史をしっかり学んでおいてほしいと思う。自社に歴史館や記念館、社史などがある場合は、丹念に読み解くのも有効だろう。

また、過去の社内報なども、情報の宝庫だったりする。ただし、それだけでは、重要な意思決定のストーリーの裏側にある、当時のリーダーの葛藤や覚悟までは見えてこないかもしれない。そういうときは、社内にいる経営幹部に遠慮なく話を聞きに行くことをお勧めする。社内で語り継がれている話がきっとあるはずだ。そんなふうに情報収集して、海外のメンバーにも語り継いでいきたいエピソードをたくさん携えて、現地に向かってほしい。

自身の価値観と社会的価値を重ね合わせる

「志」を育むために、自身の信念や企業理念を深掘りして理解するのに加えて、もう1つ重要な視点がある。それが「社会的価値」、すなわち社会に対してどんな貢献をするかを考えることだ。社会的価値と、個人や企業が持つ主観（個人的価値観）が交わるところが「志」となる。左頁の図8は、グロービスが提唱している志の枠組みである。

海外においても、社会的価値と個人的価値観の交点を見出して強く意識できている人、すなわち、志を持ってビジネスに臨んでいる人は、現地の人々に愛され、困難に遭遇しても力強く前へ進むことができる。なぜなら、海外でリーダーシップを発揮するには、自身や自社の成長のみならず、現地社会の発展にどう貢献するのかについて具体的なイメージを持っているかどうかが問われるからだ。

ここでひとつ考えてみてもらいたい。海外の拠点に赴任し、初めてオフィスに行ったその日から、現地での社会的価値を意識した「志」をどれだけ語れるだろうか。新しく赴任してきた人の挨拶でよくあるのが、謙遜からだとは思うが、

図8 志の枠組み

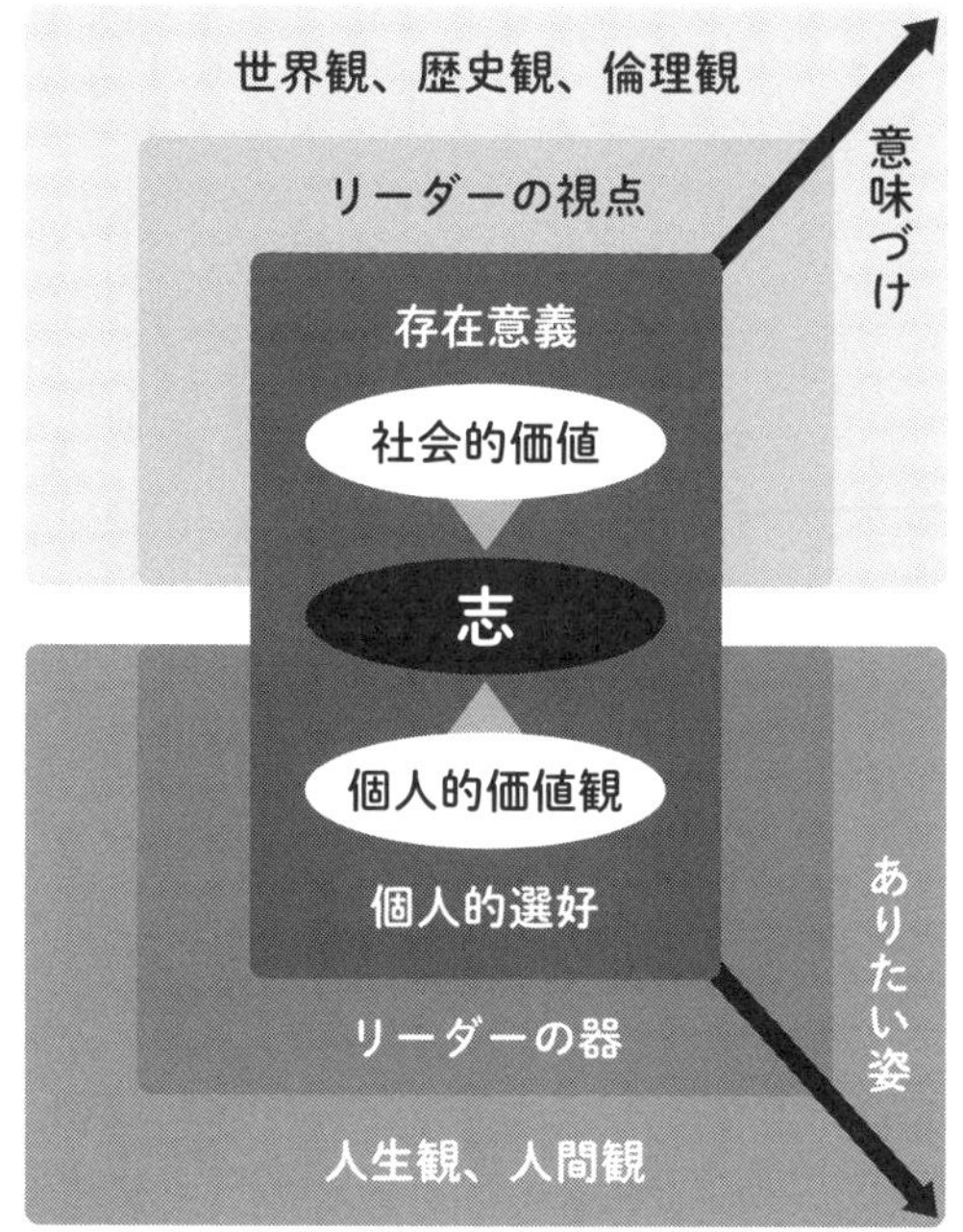
世界観、歴史観、倫理観
リーダーの視点
意味づけ
存在意義
社会的価値
志
個人的価値観
個人的選好
ありたい姿
リーダーの器
人生観、人間観

「まずは現地の様子を見て、慣れることから徐々に始めたいと思います」

というものだ。現地の人は、新しい人はどんな人なのかと興味津々だ。現地に慣れることはもちろん大切だろうが、特にリーダーが赴任したときの挨拶がそれだけで終わってしまうのは、なんとも物足りない気がする。ぜひ、初日から、自身の志を自分の言葉で語ってほしいと切に思う。

とはいえ、実際には、自らが持つ志は何かを具体的に語ることは難しい、という人もいるだろう。そのとき鍵となるのが、「源（ソース）」という考え方だ。ここでいう源（ソース）とは、リーダーが、熱意やコミットメントを持ち、最高の可能性を生み出すレベルで行動しているときに、その行動の起点となる内面世界のことだ。個人と組織の変革理論を研究したC・オットー・シャーマーは、自著の『U理論』*のなかで、こう語っている。

「自分の人生や仕事のなかで、最高のエネルギーとインスピレーションの源（ソース）に自分自身を最も強くつなげる状況、実践、活動は何か」

＊『U理論［第二版］』C・オットー・シャーマー著、中土井僚・由佐美加子訳、英治出版、2017年

と問うことから始めよと述べている。U理論については、詳しくは書籍をぜひ読んでもらいたいが、ここでは、源（ソース）に関して述べられていることを簡単に紹介したい。

本のなかでシャーマーは、この源（ソース）について、スタンフォードビジネススクールでビジネスと創造性についての講義をしているマイケル・レイという人物に、こんな問いを投げかけている。

「人々が実際に創造性を高めるよう促すのに欠かせない活動は何ですか」

これに対してレイは、2つの問いに取り組むことが重要だと述べている。

「私の大きなSの自己（セルフ）とは何者なのか、私の成すべき事とは何なのか」

ここでいう「大きなSの自己（セルフ）」とは、「最高の未来の可能性を表す自己」だという。その自己とは何者なのか。そして、仕事ではなく、自分の人生の目的、この地上で成すべきことは何なのかを問うことが大事だというのである。

この答えを聞いてシャーマーは、老師からガンジー、ギリシャのアポロ、ゲーテに至る世界中の偉大な知恵の伝統である「汝自身を知れ」という教えを想起している。良いリーダーになるには、自分自身の源泉、自分の行動や在り方の源泉を知らなくてはいけないのだ。

自分のモチベーションの源泉を追求し、意味づける

では、どうすれば自身の「源（ソース）」につながることができるのか、もう少し具体的に見ていこう。まずは、自身のモチベーションの「源泉」がどこにあるのか探ることから始めよう。

日常では、モチベーションの源泉をあまり意識せずに、直感的に判断、行動していることも多いだろう。たとえば、いくつかの選択肢があるなかで、なぜA案のほうが自分に合うと感じ、B案には違和感を抱くのか、必ずしもきちんと説明できないこともある。

実際、研修プログラムのなかで、

「自分は何をやりたいのか？」
「なぜ、その仕事にこだわりたいのか？」

「なぜ、このアイデアを取り上げたいのか？」
「なぜB案ではなく、A案なのか？」

といったことを掘り下げると、幹部クラスであっても発言に詰まる人が少なくない。特に大企業の社員の場合、まずはビジネス環境や会社組織にある制約条件のほうを考えがちで、「自分が何をやりたいのか」について考える機会をあまり与えられてこなかった人も多い。しかし、「なぜ自分がやりたいか」がないと、どんな提案も相手に響くものにはならないだろう。そこで、どうしたら自身の源泉に迫れるかについて、2つのアプローチを紹介したい。

1つ目のアプローチは、「**自分自身の人生を振り返る**」ことだ。シンプルに聞こえるかもしれないが、漠然と振り返るのではなく、徹底的に具体的なレベルで振り返りを行うことが重要だ。人は誰でも、これまで生きてきたなかで遭遇した多くの出来事や人との出会いに、大きな影響を受けている。こうした数々の原体験が積み重なって、今の自分がある。そこをしっかり振り返ってみよう。

私の研修プログラムでは、「自分の姿を描くシート」というものを使っているが、そこには、こんな項目がある。

- それぞれの時代に感激したこと、強いインパクトがあったことは何か？
- そのときに、誰に出会い、何に出合ったのか？
- その意味合いを改めて解釈すると、どんなことが言えるのか？
- そこから自身が学んだと思われることは何か？

こうした項目を振り返りながら、自分の原体験を探っていくのだ。その過程で、ふだんはあまり意識していなかったことも含めて、さまざまな「自己」が浮き彫りになってくる。次に、研修では2人1組になってもらい、シートに記載した内容を共有して、相手に、さまざまな角度から質問してもらうことで、考えを深めていく。他者から問いかけてもらうと、これまで気づかなかった自分に気づくことができる。こうして、より具体的な形で「自分に出会う」ことができると、今の自分がどこから来ているのか、つまり「源泉」が見えてくるのだ。

研修でこのプログラムを行うと、「自分との出会い」に涙する人が必ず出てくる。人は自分自身と出会い、自分の生きる意味合いやこだわりを理解すると、心が動かされる。その感動こそが、決して忘れることのできない大事な自身の軸になるのだ。

参考までに、次の頁に「自分の姿を描くシート」を掲載しておく（図9）。最初の見開きのシートには、私が記入したものを見本として掲載した。次の見開きのシートには、実際にあなたが書き込んで、自分の「源泉」がどこにあるかを考えていただきたい。

	社会人になって	幹部になって	将来（広がりのイメージ）
	…………	…………	………… どう感激したいのか？ 何に感激したいのか？
	…………	…………	………… 誰に出会いたいのか？
	…………	…………	…………
	…………	…………	………… 学んでいきたいこと

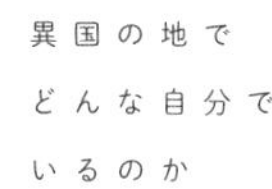

図9　自分の姿を描くシート（記入例／著者の場合）

	幼少時代	学生時代	
感激したこと（強いインパクトがあったこと）	父の仕事の関係で3つの小学校、2つの中学に通う「転校生時代」を過ごす。子ども心に異文化環境に投げ込まれ、大変辛い思いをした。そのとき、自分に冷たくしているように見えた相手が、本当のところ、私に対して、どう接していいか分からなかっただけで、実は私に興味を持ってくれていて、仲間になりたいという想いを持っていたことを知り、感動した。	「真の国際人は、欧米人に卑屈になったりせず、また、途上国の人に対して横柄になってはならない。自分の信念に基づいて、誰とでも公平に接する人間にならねばならない」と教えられたこと。	
誰に出会い、何に出合ったか	自分のことを受け入れてくれて、大事にしてくれた仲間。その仲間の心根の温かさ。	大学に入学して、最初の授業で担当教授から授かった言葉。	
その意味合い	異質なメンバーと1つになれたときの喜びは、何事にも代えがたい喜びである。それを体感し、絆が深まることを経験した。この経験が、のちに私の「源（ソース）」として、よみがえってくることとなった。	当時は、あまり意識せずに、欧米人イコール国際人という発想をしていたが、真の国際人になるとはどういうことかの意味を気づかせてくれた。	
そこから学んだもの	心の壁を作っているのは、むしろ自分のほうであること。自分の心の壁を破る勇気を持てば、可能性や未来は、おのずと拓けてくることを学んだ。	もっと広く、さまざまな角度から世の中を見て、考えるべきであること。自分は、かなり狭い枠のなかで考えている可能性があること。	

	社会人になって	幹部になって	将来（広がりのイメージ）

出典：グロービス講師の高橋勧之助氏が作成

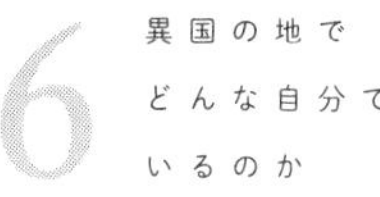

図10 自分の姿を描くシート

	幼少時代	学生時代	
感激したこと（強いインパクトがあったこと）			
誰に出会い、何に出合ったか			
その意味合い			
そこから学んだもの			

ある研修プログラムで、こんなことがあった。

参加者のなかに、過去に5年ほど海外駐在を経験されたAさんという人がいた。Aさんは、驚くほど現地の人にゆるぎない信頼を寄せており、現地の仲間とともに組織を創り、ビジネスを発展させていた。なぜ、Aさんはそこまで現地の人を信頼できたのだろうか。そこまで真剣に現地の仲間に向き合えるモチベーションは、どこから来ているのだろうか。プログラムの他の参加者も、Aさんの源泉について興味津々だった。

原体験を振り返るセッションで、Aさんは、海外勤務先でお子さんが交通事故にあったときの話をしてくれた。異国の地で子どもが大けがをして、まさに一刻を争う場面で、現地に慣れていない外国人のAさんは、なす術もない状態に置かれてしまった。

そのとき、現場に居合わせた現地スタッフが、我が子が事故に遭遇したかのごとく対応してくれたという。応急処置や救急車の手配、病院への付き添い、病院内での諸々の対応、医師や看護師とのコミュニケーションまで、すべてAさんの代わりに進めてくれたそうだ。この経験を通して、現地の人への感謝の気持ちとともに、「自分1人では何もできない」という気づきが深く心に刻まれたそうだ。

この事故があってからというもの、いつも「自分1人では何もできない」という思いを胸に、現地の人と仕事をするようになった。そうすると、現地の人とのあいだで深い絆が生まれ、不思議なほど仕事がうまく進むようになったそうだ。結果、事業も目覚ましく成長したという。

まさにこの原体験が、Aさんの源（ソース）となったのだ。話を聞いた参加者も納得した様子で、「だから、そこまで信頼できるし、こだわっているんですね」と声をかけていた。それからというもの、そのグループでは、どんなテーマでもかなり深いレベルで議論が進むようになっていったのを今でも憶えている。このように、自分の原体験を丁寧に振り返ることで、自身の源（ソース）を炙り出していくのが1つ目のやり方だ。

2つ目のアプローチは、「**削ぎ落とす**」だ。

ビジネスパーソンは日々仕事に追われているが、海外で事業を牽引している人は特に多忙を極めている。日常的に「やること」「やらねばならないこと」で頭がいっぱいで、自分が本当にやりたいことは何か、などと考えている余裕はない。そこで「削ぎ落とす」ということを意識してみてはいかがだろうか。

私が尊敬する水野達男氏は、住友化学時代にアフリカのタンザニア勤務となり、マラリア感染を予防する特殊な蚊帳の製造販売事業の責任者として、苦難の末に、事業を軌道に乗せた方だ。

私は、水野さんにお聞きした。なぜ、アフリカでの現地生産販売といった、あまり人がやりたがらないような、しかもかなり難易度の高いビジネスに成功できたのか、と。

水野さんはいろいろな話をしてくれたが、なかでも重要な転機となったのは、実はご自身が過労によって1カ月以上も休職されたときのことだったという。

タンザニアで蚊帳の工場を立ち上げ、なんとか事業を軌道に乗せようと奮闘していた頃、一時帰国中に急に立ち上がれなくなった。海外事業という大役を任され、世界中を駆け巡っていた水野さんは、病気のために何もできなくなってしまい、大きな無力感、挫折感を味わったという。その失意のなかで浮かんできたのは、「実際にアフリカの病院で見た、子どもをマラリアで亡くし、悲しみに暮れて泣いている母親の顔」だったそうだ。

そのとき水野さんに自然と湧き上がってきたのは、「タンザニアの人々に、タンザニアの母親たちに、何が何でも蚊帳を届けよう」という強い想いだった。

それまでは、大企業の一社員として、いかにビジネスを成功させるかばかり考えていたが、なかなか利益が出ない状態が続いていた。ところが、病気をきっかけに、自分のミッションを「母親に蚊帳を届けること」と決め、事業方針を大きく転換したのだ。それまでは、利益を出すために価格を下げられず、そうすると販売量が伸び悩むといったジレンマに陥っていたが、「届ける」ためにある程度価格を下げても量を優先することにしたという。それからというもの、不思議とすべてがうまく回りはじめたそうだ。予想以上の大口受注が相次ぎ、結果として原価が下がって利益が出るようになり、事業が軌道に乗ったという。

水野さんは、すべての仕事をストップせざるを得ないという究極の「削ぎ落とし」を体験されたのである。すべてが削ぎ落とされたとき、自分に残ったものこそ「本物の志」だったということだ。実は、水野さんのような経験をされている方は、事をなした人のなかには多い。名経営者と言われる人のなかには、「投獄」「大病」「戦争」「倒産」といった経験をされている方が結構おられる。この意味するところは、自身の存在・存続を問われるような体験は、自らを知るうえで重要な経験になるということだ。

とはいえ、「投獄」や「大病」といったような究極的な状態を、我々が意図して創り出し、経験することはなかなかできないだろう。私自身が日常のなかで意識しているのは、自分が何かに取り組もうとするとき、自分にこう問いかけることだ。

「もし、打ち手が1つしかとれないとしたら、何を選択するか？」

どの一手を打つべきかを真剣に考えれば自然と研ぎ澄まされていく。また、それと似たようなことだが、「やることリスト」を作るのでなく、「やらないことリスト」を真剣に考えて作ってみることも有効な手段だ。

そして、最終的に結論を出す際は、スティーブ・ジョブズも2005年のスタンフォード大学でのスピーチのなかで述べているように、自分の「直感」と「心の声」に耳を傾けることが最も大切なことではないかと思う。

◉志は、今すぐに明らかにしなくてもいい

志の重要性や意味について述べてきたが、誰もが高い志を最初から持ち合わせているとは限らない。むしろ持っている人は少数派だろう。また、自分の人生を振り返ってみたが、すぐには「原体験を見いだせない」「どんな社会的価値があるのか実感できない」「モチベーションの源泉がどこにあるのか、分からない」という方もいるだろう。そもそも志とは、一朝一夕に見えてくるものではなく、長い時間をかけて醸成されていくものだ。

これから、志を醸成するための、方法論の1つを紹介したい。グロービス経営大学院の英語で行われるインターナショナルMBAコースで紹介されている、「志の自覚*(Kokorozashi Awareness)」という4つのステップだ(図11)。この背景には、志は徐々に高めていくものだという考え方がある。

* Kokorozashi: The pursuit of meaning in business, GLOBIS University, Tomoya Nakamura, Gil Chavez, Kenya Yoshino

図11 志の自覚（Kokorozashi Awareness）

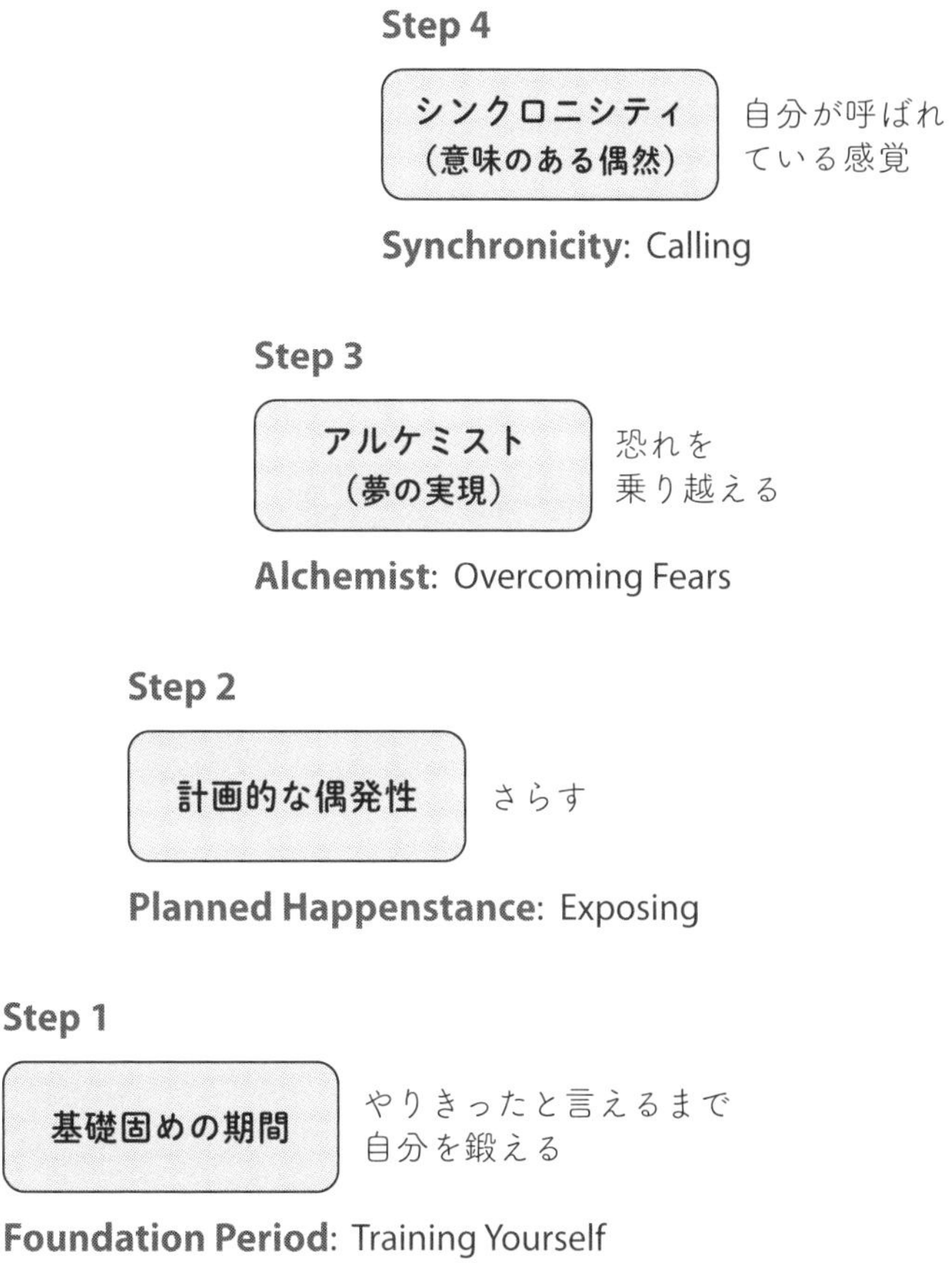

Step 4

シンクロニシティ
（意味のある偶然）

自分が呼ばれている感覚

Synchronicity: Calling

Step 3

アルケミスト
（夢の実現）

恐れを乗り越える

Alchemist: Overcoming Fears

Step 2

計画的な偶発性

さらす

Planned Happenstance: Exposing

Step 1

基礎固めの期間

やりきったと言えるまで自分を鍛える

Foundation Period: Training Yourself

最初の**ステップ1「基礎固めの期間**（Foundation Period）」では、まず基礎的な能力を徹底的に鍛えることから始まる。基礎的な能力がついてくると、ビジネスや社会で起こるさまざまな事象を理解できるようになり、思考を深められるようになってくる。まずは、最初の段階で、学ぶ力を鍛えることが肝要だ。

その次の**ステップ2**は、「**計画的な偶発性**（Planned Happenstance）」のステップだ。ここでの鍵は、自らをさまざまな環境に「さらすこと（Exposing）」である。たとえば、新しい人とチームを組んだり、新しいプロジェクトに挑戦したり、あるいは部署異動や転職、さらには、海外での勤務も絶好の機会となるだろう。多様な価値観に触れることで、外の世界を学ぶと同時に、より深く「汝を知る」プロセスであるとも言える。

このプロセスを経ると、次は**ステップ3「アルケミスト**（Alchemist）」、言い換えれば夢の実現の段階だ。このステップでは、よりいっそう「機会」に対してオープンな姿勢を取り、その機会を「実らせる」ことに向き合う。

たとえば、難易度が高いと思うような仕事や、相当なストレッチが必要だと感じるような役割を打診されたときは、多少の無理を承知してでも受けてみる。そして、引き受けたからには、全力でその仕事や役割をまっとうする努力をしてみることだ。

このステップで重要となるのは「恐れ」を乗り越えることだ。このステップの名前の語源となっている『アルケミスト』[*]という小説には、こんな素敵な言葉がある。「傷つくのを恐れることは、実際に傷つくよりもつらいものだと、おまえの心に言ってやるがよい。夢を追求しているときは、心は決して傷つかない」

最後の**ステップ4**は、「**シンクロニシティ**（Synchronicity）」、意味のある偶然だ。自分の志に従っていると、不思議なほど、目の前に好機が訪れる状態をいう。別の表現では、どこからか自分が呼ばれている感覚（Calling）だ。まさに、社会的価値と個人的価値観が一体化し、使命感を持っている状態と言えるだろう。

海外で仕事をすることの最大のメリットは、この志のステップを体験する機会に恵まれることだと私は思う。特に、ステップ2の「計画的な偶発性」は、海外だと特に起こりやすいし、ステップ3の「アルケミスト」も、現地でさまざまなチャレンジに取り組むなかで実現できるかもしれない。

ぜひ、恵まれた環境にいることを、思う存分利用していただきたいと思う。なお、すでに

＊『アルケミスト』パウロ・コエーリョ著、山川紘矢・山川亜希子共訳、角川文庫、1997年

述べたように、この一連のプロセスは、ある程度の時間をかけて醸成していくものだ。人によっては、何度かこのプロセスを回しながら、志を高めたり変えていったりする人もいる。

私自身は、最初に入社した企業が、多様な商材を扱う総合商社であったこと、さらに海外勤務を任されたことによって、少なくとも「計画的な偶発性」と「アルケミスト」の2つのステップを踏みやすい環境だったと思う。組織文化としても、「新しいマーケットやビジネスを開拓する」「積極的にリスクを取りにいく」「自律的に挑戦することを奨励する」などの社風が背中を押してくれた。もともと広い世界を見たい、新しいものに触れたいという気持ちが強かったこともあり、積極的に自らを「さらすこと」に努めた。

それでもやはり、新しい世界に入っていくことには恐れもあった。それを乗り越えるために、私自身が、自分に言い聞かせていたことがあった。

1つ目は、「**迷ったらやる**」。もちろん、「迷うくらいなら、やらない」という考え方もある。しかし、本章の事例で紹介したように、特に異国の地での仕事や生活では、判断に迷う場面がたくさんある。そんな状況で「迷ったら、やらない」という考え方だと、何もできなくなってしまう。それを避けるために、私は明確に「ノー」と思わないかぎり、まずは首を突っ込むことにしている。新しい世界に来た場合は、仮説を持つことは大事だが、あまり勝手な思い込みをしすぎないように、また、自身の経験からくる前提条件、すなわち、与件を持ちすぎないように注意している。

この考え方でこれまでやってきたが、今振り返っても、自分が後悔していることのなかで「やらなければ良かったな」と思うものは、ほとんど記憶にない。逆に、「やっておけば良かった」ものが大半だ。サントリーに受け継がれている「やってみなはれ精神」ではないが、「迷ったらやる」は、私自身の大事な言葉としている。

2つ目は、2つの選択肢があった場合、検討を尽くしても甲乙つけがたいときは、「**難しいほうをやる**」ことにしている。いつからこういう考え方をするようになったかは定かではないが、結果として、難しいほうを選択したほうがうまくいった経験が多いことを、直感的に感じているからだと思う。

チャレンジをすれば個人としての成長機会になるし、うまくいけば、ビジネスでのインパクトも大きい。商社では特に、難しいほうの選択肢でビジネスが成功できれば、対競合といった観点での優位性は高まる。また、競合へのスイッチング・コストも高まる。結果、自社のビジネスの継続性を担保するというメリットを享受できるのだ。

海外で仕事をする後輩に対して、私がいつも伝えている言葉がある。それは、私がイランに初めて駐在する直前、東京オフィスへ最後に顔を出したときに、当時の上司に言われた言葉だ。

「高橋、初駐在の前にたくさんのことを言っても、どうせ忘れてしまうだろうから、1つだけ言う。現地で、朝からずっとオフィスの机に座っていることだけは絶対に避けろ。つねに外に出て動け！」

この言葉は本当にその通りだと思う。特に初駐在の場合、積極的に外へ出て、関係者に会いに行くのはなかなか難しいと感じる人も多いだろう。しかし、頑張って3カ月ほど続けてみると、慣れない土地でも、人に会うことが楽しくなってくるものだ。

逆の立場で考えてみてほしい。たとえば、海外から日本に初めて来た外国人が、積極的に動き回って多くの日本人とコミュニケーションを取ろうとする姿を見たら、どう感じるか。異国の地で、あんなに頑張っているなら協力してあげようとか、少なくとも応援してあげたい、という気持ちになる人も多いはずだ。

共感を得られれば、情報が入りやすくなるし、さまざまな支援が受けやすくなる。私の場合も、外に出ることをやりつづけた結果、赴任して3カ月を過ぎた頃から、徐々に仲間ができて、多くのことを教わるようになったことを覚えている。くれぐれも、オフィスにこもって、一日中、パソコン相手に過ごすことだけは避けていただきたい。外に出て、生の情報に触れ、思う存分刺激を受けて、じっくりと志を高めていってほしい。

志をみがく

最後に、私自身は、どのようにして志をみがき、醸成してきたのかを振り返ってみたい。「志の自覚」の4ステップでいえば、ステップ1（基礎固めの期間）とステップ2（計画的な偶発性）は、主に最初の駐在地であるイランが、その時期にあたっていたように思う。この4つのステップは、繰り返してスパイラルアップしていく側面もあるので、明確に分けられるものではないが、イランという究極の異文化環境で、私の心に刻み込まれたのは、世の中には本当にさまざまな考え方があり、逆の立場から物事を見ると、まったく違った見え方があるということだった。

イランという国の立場から世界情勢を見てみようと思ったことで、それまであまり気にしていなかった、国際社会における大国の理不尽さや、欧米を中心とした価値観やルールを一方的に他国に強いることの横暴さなどが、いやというほど目に付くようになった。

この頃に、もっと双方向に開かれた国際社会でありたい、お互いの文化をもっと尊重する国際社会を実現したい、という気持ちが私のなかで強まった。

正直にいえば、最初はイスラム教徒と理解しあい、仲のいい友だちになることは難しいだろうと思っていた。そもそも当時は、とてもイスラムのコミュニティと交わるなどというイメージは持てなかった。あまりにも生活習慣が違うし、イスラム的な考え方は尊重できるものの、心から馴染める感覚が持てなかったからだ。

ところが、徐々にお互いの心を開いていくと、イランと日本の文化に非常に共通点が多いことに気づいた。心のバイアスを作っていたのは、私自身だったことに気づきはじめたのだ。

たとえば、イランで話されているペルシャ語には、「ハステナバシ」という言葉がある。これは、日本語の「お疲れさま」という表現やニュアンスとまったく同じで、仕事が終わったあとに、「ハステナバシ（お疲れさま）」と声をかけると、「ショマ、ハステナバシ（あなたこそ、お疲れさま）」と返ってくる。日本語でいう「お疲れさま」という言葉が、そのまま存在する言語は他にあまりないと思うが、ペルシャ語のこの言葉を直訳すると「お疲れになりませんように」という意味で、いかにも心に沁みる瞬間だ。

私は子どもの頃、父の仕事の関係で転校が多く、小学校を3校、中学校も2校に通った経験がある。それが影響しているのかもしれないが、異なる環境に入って、そこの仲間と分かりあえたときは、このうえもない喜びを感じる特性があるようだ。子ども心として、異文化に投げ込まれ、そこで何とか生き抜かねばならない過程で身に付いた特性なのだと思う。なので、イランでイスラムの人々とのあいだに仲間意識が芽生えると、とても嬉しかった。そして、その仲間といっしょに仕事をして、何かを成し遂げたときには、えもいわれぬ高揚感を覚えたものだった。同時に、異質なメンバーたちが1つの方向に向かったときの力強さも体感したのである。

たびかさなる転校によって直面することになった私の少年時代のチャレンジと成功の原体験が、私の想いの「源泉」となっていたのだった。社会人になってからイランで遭遇した出来事が、時空を超えてその源泉に触れたことで、湧き上がるように私の気持ちを呼び覚ましたのだといえるだろう。こうした源泉を上書きするプロセスが、「異質なメンバーが1つになるのは簡単ではないが、1つになることができれば、大きな推進力や変革力を持つ」ことの意味合いを深め、私の想いを強めていったのだった。

この学びが確信となったのは、イラン勤務ののちに異動したベルギーでの体験だ。このベルギーが、私にとってはステップ3（アルケミスト）になったと思っている。同時に、このステップで大事な要素となる「恐れを乗り越える」経験もしたのである。

ベルギーには当時、部門の欧州・中東・アフリカの地域統括機能が置かれていた。そこから、アフリカのザンビア国の銅鉱山向けに、日本の鉱山開発用の機械を納入する商談をしかけていた。その銅鉱山は、機材に関しては、米国の巨人であるキャタピラー社の牙城で、とても日本メーカーが参入できるような状況ではなかった。それでも、商社が持つ総合的なスキームを活用することで、この銅鉱山に食い込むチャンスが出てきた。

手強い競合に対抗するため、我々はコンソーシアムを組成していた。ファイナンスは在ベルギーの銀行を、銅の引き取りは資源取引の本場である英国を絡め、鉱山機械メーカーは在欧州の販売責任者を初期から深く巻き込み、さらに米国にある製造拠点にも直接、関与してもらった。販売後の現地でのサービスや機械納入のロジスティクスは、ザンビアから近い南アを巻き込むという形も準備した。

もちろん、これだけ入念なスキームを組んでも、客先はザンビアの銅鉱山であり、有効な情報もなかなか取りづらい。ザンビアに派遣されていた駐在員や現地社員との密な連携も求められていた。これだけのことを計画し、仕込んだ背景には、もちろん商社らしい大型案件の仕組みで収益を上げたいという意図があった。しかし、それ以上に、貧しい人の多いザンビアで我々が仕事をすることによって、国の発展に寄与したい、社会の発展に役立ちたいという強い想いと、そこに自分たちが関わりたいという夢もあった。

商談がいよいよ本格化しようという時だった。当時、ともにベルギーに駐在していて、このプロジェクトを統括していた上司が、心臓発作で急逝するという突然の不幸に見舞われたのだ。自分のすぐ傍で、深く仕事に関わっていた上司の急逝に直面し、悲しみに暮れたが、仕事は待ってくれない。ザンビア向けの商談も、すでに多くの関係者を巻き込んでおり、前へ進めなくてはならない。

本社にサポートを要請したが、急には代わりの人材を出せないという返事が来た。やむなく、メインの担当であった私が、その代わりを務めることになったのである。とはいえ、通常なら、このレベルのプロジェクトを、まだ30代前半だった私が仕切ることなどあり得ない。これだけの国や組織を跨いだ関係者をまとめて、1つの方向に向かわせるのは、当時の私には途方もない業務だった。だが、「恐れ」を感じている暇などなく、事情が事情なだけに、やらざるを得ない状況に追い込まれたのだった。

プロジェクトは何度も危機を迎えた。最大の危機は、我々の提案している機材の納期が銅鉱山の要望に満たないことが判明したときだった。コンソーシアムの誰もが、このタイミングで機材の確保に入るというリスクをとりたがらない状況に直面した。メーカーも、商社にリスクを取るようにプレッシャーをかけてくる。しかし、さすがにアフリカのなかでも、とりわけカントリーリスクの高いザンビア向けに、数十億円のリスクを取ることは、商社といえどもできる話ではなかった。

そのとき、私はザンビアの銅鉱山に張り付いていたが、窮地に陥った。現地で、客先の要望を前にして、メーカーと本社のあいだで、完全な板挟みになってしまった。現地には、メーカーの代表として2名のアメリカ人と、在欧州の販売トップのギリシャ人の計3名が責任者として入っていたが、かなり険悪なムードが続き、まさに空中分解の寸前だった。

急逝した上司に比べて、はるかに経験の少ない私に対して、彼らの風当たりは強まるばかり。しかし、私としても、ここでおめおめと引きさがるわけにはいかない。関係者がお互いを非難しあうのではなく、ふたたび強力な1つのチームに戻さねばならない。

そのとき私の心を支えたのは、他でもない急逝した上司の保科正裕さんが生前に示していた姿であった。私が保科さんの傍でいっしょに仕事をしたのは、ベルギーでの半年ほどであったが、そのあいだ、保科さんはいつも、こんなふうに語っていた。

「ビジネスパーソンは、何を実現しようとしているのか。どんな夢を持っているのか。何をいっしょにやりたいのか。それを、とことん、お客さんやパートナーに対して語り尽くさなければならないんだ」

保科さん自身も、この信念をつねに体現されていた。私は、保科さんが周囲に語っていた夢や、それを実現するためのアイデアや提案を、いつも傍で聞きながら、私自身のモチベーションも高まっていたことを思い出す。私が今やるべきことは、まさにこれだと思い至った。そもそも、何のためにこのプロジェクトをやっているのか。今この危機を乗り越えるためには、何をするべきなのか。それを1つひとつ、関係者に説いて回ったのだ。しかし、それでも事態はあまり好転せず、時間だけが流れていった。

ある日のことだった。メーカーのリーダー格であるアメリカ人から、話があると言ってきた。私は内心、また喧嘩かと思い、気分も滅入った。しかし、行ってみると、思ってもみない話が飛び出した。

「実は、他国向けに、同じ機種の商談が同時並行で進んでいるんだ。つまり、ザンビア向けが最終的に失注する事態になったとしても、その別の国のほうで契約が取れれば、そっちへ機械を回すことができる。だから、私のほうでリスクを取ってもいい。機械の生産スロットを押さえるから、客先に短縮納期を提案しよう。そのあいだに、お前もなんとか社内をまとめて説得するんだ」

まさか彼がそんなことを言い出すとは予想だにしなかったので、私は心底おどろいたが、彼も彼で大型商談を前に現地で追い詰められていたようだった。

その後も紆余曲折はあったが、結果、このビジネスは成功を収め、キャタピラー社の牙城に食い込むことができたのだ。ぎりぎりまで粘り、いかなる相手であっても徹底的に向き合ったからこそ手にできるものがある。多様な関係者が最終的には1つになって目的に向き合えば、不可能も可能になることを私は目の当たりにした。

このコンソーシアムには、メーカー以外にも、ビジネスの状況や最終的な契約の条件によっては必ずしも損得が一致しない、さまざまな関係者がいた。金融、ロジスティクス、アフターサービス、銅の引き取り、といった人たちだ。こうした関係者を1人ひとり説得して1つにするには、相手に向き合うこともさることながら、その前提として、強い信念を持つことが大切だ。

独占状態だったこのアフリカの銅鉱山に、我々が新たに参入することで、サービスの質が向上し、生産性もあがり、ひいてはその国の発展に寄与できると信じていたことが大きかったと思う。もちろん、アフリカの銅鉱山で、資源関連のビジネスに関わりたいという私企業としての狙いは当然あった。だが、それ以上に、このビジネスを通して、我々がアフリカでの「社会的価値」を実現するのだという共通の目的、共通の夢が、関係者全員を最後まで一枚岩にした、もう1つの源泉だった。

この経験は私にとって、上司の突然の死から、もたらされたものだった。私は、否が応でも「恐れを乗り越え」なければならない状況に置かれたのである。そして、その恐れを乗り越え、夢を実現させたことで、確信をつかんだ。それは、イラン時代から感じていた

「多様性の高いチームが1つになったときに発揮する絶大な力と、1つになったときの喜びの大きさは、なにものにも代えがたい」という確信だ。

そしていま、「私が働きかけることで、世界中でこのような動きを巻き起こし、地球社会に貢献していきたい」という想いが私の願いとなっている。この願いは、私の志として、いまグロービスで行っている取り組みに繋がっている。すなわち、海外での人材育成、クライアント企業がグローバルに打って出るための組織づくりや、リーダー育成への取り組みである。実は本書の執筆も、私の志の実現に向けた1つの挑戦である。

ちなみに、私がグロービスに入社したとき、グロービスはまだ小さな組織で、海外拠点もなければ、グローバル人材育成にフォーカスした事業もない、ドメスティックな組織環境だった。転職の際には、もっと海外経験が直接的に発揮できる仕事をしたほうが、私の強みが生きるのではという助言ももらったし、実際、そういう仕事の紹介もあった。

しかし、感じるものがあって、私はグロービスを選び、しばらくは英語もほとんど使わず、海外との接点もない国内の仕事を続けていた。入社した頃は、グロービスで海外勤務をすることになるとは、まったく想像もしていなかった。ところが、その後、クライアント企業の積極的なグローバル展開に呼応して、グロービスも急ピッチで海外展開に乗り出すことになったのである。そのとき、まさに商社で鍛えた国際ビジネスに関する私の経験や知見と、グロービスで身に付けたコンサルティング力や人材育成の方法論の両面が必要になったのだ。私はこの日のために、それとは知らずに、必要なプロセスを踏んでいたのだという感覚に襲われた。もしかすると、グロービスに入ることによって、ステップ４である「シンクロニシティ」にたどり着けたのかもしれない。

ブルース・ウィリス主演の『アルマゲドン』という映画をご存じだろうか。小惑星が地球に激突するのを回避させるために、それぞれ一芸に秀でた曲者を集めて超多様性チームを組成し、地球の危機を救うという話だが、私の理想の世界はそれである。いろんな人がいていいし、いろんな人がいるべきなんだと思っている。ときにはぶつかりあいながら、どう転んでもうまくやれそうにない者同士だからこそ、達成できることがあると私は確信している。そんなとき、亡くなった保科さんが残してくれた言葉が、いつも私の耳に響く。「何を実現しようとしているのか。どんな夢を持っているのか。何をいっしょにやりたいのか。それを、とことん、お客さんやパートナーに対して語り尽くしなさい」

私が尊敬してやまない保科さんの言葉で、この章を締めくくりたいと思う。

最後に、「異国の地で、どんな自分でいるのかを考えるために大事にしたい問い」を図12にまとめたので、自問自答しながら、１つひとつチェックしていただきたい。

《図12》 異国の地で、どんな自分でいるのかを考えるために大事にしたい問い

- ☐ 判断に迷ったときに、自分の意思決定の「軸」は何かを明確に認識したうえで、向き合っているか?

- ☐ 自分の判断の「軸」は何に基づいて作り上げられたものかを説明できるか?

- ☐ 自分のモチベーションの源（Source）は何か?
- ☐ その源は、どんな原体験がベースになっているのか?

- ☐ 自社が持つ主観、すなわち、企業理念のなかで、何が大事な考え方なのかを理解しているか?
- ☐ その理念が形作られた歴史的経緯を理解しているか?
- ☐ 過去の自社の重要な意思決定の背景を理解しているか?

- ☐ 社会との接点をつねに作っているか?
- ☐ 自分自身をつねに外にさらしているか?
- ☐ さらすことで感じた違和感も含めて、自身の価値観を深めているか?

- ☐ 志を高めるうえで、恐れを乗り越えて、チャレンジする姿勢を保っているか?

7 本社とあなたへのメッセージ

多種多様な業界、さまざまな国や地域があるなかで、海外で活躍するために何が大事になるのか。その共通項を、海外でまだ仕事をしたことがない方にとっても、できるかぎり具体的なイメージが持てるように紹介してきたが、いかがだっただろうか？

ここまで読んで感じた方もいるかもしれないが、本書で述べてきたことは、何も海外だけに限った話ではなく、日本国内でのビジネス・シーンにおいても参考になると思っている。たとえば、こんな場面だ。

- 異なる世代の人と仕事をする場面
- これまで、まったく付き合いのなかったような、異業種間で連携する場面
- これまでは競合と認識していた相手と協業する場面

海外の人に限らず、こうした、自分とは前提が異なる人とビジネスをする状況は、これから増えていくだろう。

また、新型コロナ禍の影響によって、オンライン上で頻繁にやり取りが行われるように

なり、海外との距離は逆にぐっと縮まっている。駐在や出張をせずとも、海外の人と仕事をする機会も増えるだろう。その際に、本書で示してきたように、表面的な事象で物事を判断しないで、

「何がビジネスの本質なのか」
「何が物事の本質なのか」

をつねに見極めながら対応していただきたいと思う。

こうした力を身に付けるためにも、第6章の「志の自覚」の4ステップで示したように、よく学び、外に自らをさらし、恐れを乗り越える経験を積んでいただきたい。海外での仕事は、その修業の場として絶好の機会であり、これ以上の環境はないだろう。チャンスのある方は、ぜひチャレンジしていただきたい。

本書は、海外で働く個人が、「海外では」「異文化では」という固定観念にとらわれないで働くために必要となるマインドセットやビジネススキル、リーダーシップについて、より普遍的な形でまとめたものだ。ただし、本文で触れなかったことがいくつかある。それは、海外に人員を派遣する側である本社へのメッセージと、あえて取り上げなかった英語

などについての個人へのメッセージだ。この章では、その2つについて触れておきたい。

本社へのメッセージ

まずは、海外の現場にいる人に対してではなく、本社に対してのメッセージだ。日系の企業に勤めている場合は、日本に本社があるのが普通だと思うが、日本の本社や日本のオフィスにだけいると、どうしても異質に触れて、異質のなかで仕事をすることのリアルな感覚が持てない。そのため、現地の駐在員や客先に対して良かれと思ってやったことが、とんちんかんだと捉えられたり、対応が後手後手になったりする。現場の駐在員にとっては迅速な対応を要する重要な依頼が、長らく放置されるといったことも起こる。その結果、海外で働く者にとっての**最大の敵が自社の本社になっている**という事態が、往々にして起こっている。

実際、私がグロービスの仕事で赴任したシンガポールやタイで、取引先の方や研修に参加された受講者の方々から受ける相談の半分は、「本社と、どう連携すればいいのか」であったと思う。それほどに根が深い問題なのだ。

そうした事態を避けるために、本社に心がけていただきたいことを、2つあげる。

① 徹底的に寄り添う

まずは、海外オフィスや海外勤務者に、徹底的に寄り添ってほしい。これに関して、私が商社の本社で業務を行っていたときの上司の言葉を紹介したい。

「海外から来た依頼は、遠いところから来たものほど、そして、小さなオフィスから来たものほど、優先順位を上げなさい」

最前線で最も苦労しているのは、中東、アフリカ、中南米といった、一度行ったらそう簡単には戻って来られない、そして、生活習慣の違いも大きい遠隔地で孤軍奮闘している人たちだ。海外でも、規模の大きなオフィスは、それなりに現地にもリソースがある。しかし、立ち上げたばかりの小さなオフィスには十分なリソースはないので、行った者がマルチタスクで動かしながら仕事を創っている。

ところが、人間の心理として、大きな部門からの依頼や、近くから来た依頼からどうしても手をつけがちだ。これでは、最前線で奮闘している人たちは孤立無援になってしまう。

実際問題、本社でよく耳にするのは、「海外で何をやっているのか、よく分からない」「海外の様子がよく見えない」と揶揄する言葉だ。その裏には、「もっとちゃんと本社に報告してこい」という意識があるのだろう。もちろん、海外にいる者も、本社にきちんと伝える努力をする必要がある。

とはいえ、海外にいる人にとっては、本社の人がそう感じているのと同様に、「日本の本社が、何をやっているのか、さっぱり分からないし、見えてこない」のだ。こうした逆の立場のことが本社で取り上げられることはきわめて少ない。本社からのミッションを受けた海外オフィスという関係性上、どうしても本社のほうが上の立場になりやすいが、本社の側がその構造をしっかり意識してほしいと切に願う。

こうした事態に陥らないようにするには、どうしたらいいか。その戒めの1つが、「遠くの人にこそ早く返事をしてあげなさい」なのである。いま本社にいる人は、このことをぜひとも肝に銘じていただきたい。

海外オフィスに寄り添うために、さらに突っ込んだ施策を行った例もある。

V-Cube社の社長の間下直晃氏は、自宅を、本社のある東京からシンガポールへ移して、社長が常時、海外拠点であるシンガポールにいるという状態をつくった。* その当時、

＊「社長がシンガポールから日本を指揮、ブイキューブ間下氏のグローバル成長戦略」（GLOBIS知見録、2016年4月22日）
https://globis.jp/article/4239

V-Cube社は海外展開を始めたばかりで、ご多分に漏れず、海外展開のスピードは遅々として進んでいなかったようだ。しかし、間下氏は、そうなるのも当然だろうと冷静に見ていた。

海外事業を立ち上げてすぐの頃は、会社全体からすれば、海外の事業規模はまだ「小さい」。それに、海外からは、日本とは勝手の違う依頼がくるので、「面倒」な事案も多い。加えて、「英語」を基本とした外国語でのコミュニケーションが必須なので、さらにハードルが上がる。

「小さい」「面倒」「英語」の三重苦だ。人間の性（さが）として、できれば避けて通りたいのは当然だ。結果、本社からの対応は遅れ、えんえんと先延ばしにされる。そこで間下氏は、こう考えた。

「この状況を打破するには、社長が現地に行くしかない。そうすれば、さすがに本社のスタッフも言うことを聞かざるを得なくなるだろう」

実際に間下氏は、自らシンガポールへ移り住み、シンガポールから日本のオフィスに海外の要望を伝えつづけた。それが効果を発揮し、徐々に本社が動くようになっていった。

さすがに社長に言われれば、本社も腰をあげざるを得ないだろう。逆にいえば、ここまでしないと、海外から本社を動かすのは至難の業だということを肝に銘じておかなくてはいけない。

私も実際に、いくつかの海外拠点を任されてきたが、海外拠点を本当に親身にサポートしてくれる本社の人は、ほんの一握りだ。文字通り、ほとんど寝る間もなく、現地の体制を立ち上げながらビジネスに追われているときに助けてくれた人は、一生忘れない。本当に信頼できる人として、今でも感謝の気持ちでいっぱいだ。

②エース級人材を新興国、途上国へ

駐在員を選定する際にも、注意したいことがある。ニューヨークやロンドンといった先進国の都市や、シンガポールのような地域の拠点に、ここぞとばかりエース級の人材を投入する企業は、今も多い。その一方で、新興国にある現地法人や、途上国の立ち上げオフィスには、規模や収益が小さいことから、経験の浅い社員を送り込んでいることが散見される。

しかし、すでに事業が立ち上がり、体制が整っている拠点よりも、一から組織を立ち上げ、ブランドの浸透もなく、人材もまだ揃っていないマーケットのほうが、はるかにビジ

ネスパーソン個人の力量が問われる。むしろ、エース級の人材が必要なのは、新興国や途上国のほうではないだろうか。各企業の戦略にもよるが、今後の世界のトレンドを考えると、たとえば、ミャンマーのような成長途上にある東南アジアの拠点や、南西アジア、アフリカなどに、あえてエース級を送り込むことで、新しいビジネスが生まれ、発展していく可能性が高い。

ユニリーバ、シーメンス、フィリップスなど、各国の現地に根付いてグローバル展開している企業や、近年では、韓国や中国の企業も、新興国や新・新興国に積極的にエース級の人材を送り込んでいる。このように、戦略的に人材を投入している競合に対して、それに対抗できる人材を選定し、鍛え、派遣しているのか、真剣に考えてほしいと思う。

個人へのメッセージ

海外で活躍するために身に付けるべきことはたくさんあり、本書の執筆に際しては、これも書きたい、あれも書きたいという気持ちに囚われたが、極力、大事なものに絞ってきた。そこで、これまで取り上げてこなかったが、海外で活躍するうえで、ぜひ知っておいてほしいことを書き加えておきたい。

それは、「たかが英語、されど英語」である。英語はツールにすぎないかもしれないが、そのツールを使いこなせないようでは、文字通り話にならない。これまで英語について触れなかったのは、

「私は英語が苦手なので、海外業務には苦労しています」

といったやり取りをよく耳にするからだ。つまり、仕事ができないことの言い訳に「英語力のなさ」が使われているように思えてならないのだ。

では、英語が完璧なら、あとは何も問題ないのかといえば、必ずしもそうとは言い切れない。したがって本書では、英語力以前のビジネスパーソンとしての力量や、物事の本質に肉薄する姿勢のほうに焦点を当てた。

現在、「英語」は国際ビジネスにおける「共通言語」となっている。しかも、アメリカやイギリス、オーストラリアといった英語を母語とする国だけでなく、東南アジア、中東、アフリカ、中国でも、国際的なコミュニケーションは英語を使うのがルールになっている。

もちろん、これらの国々では、現地の言葉も使えたほうがいいし、業務内容によっては現地語が必須になる場合もある。

とはいえ、まずは英語だ。最低限、身に付けるべき英語を使いこなせない時点で、入場券はないに等しい。どれだけビジネスの能力を身に付けても、アウトプットは英語を介してなされるので、宝の持ち腐れになってしまう。

グロービス代表の堀義人は、「英語で発信しなければ、国際社会では存在しないのと同じと見なされる」という強い言葉で社員を鼓舞している。第5章でも触れたが、自分の言葉が伝わる度合いは、60%×60%＝36%足らずだ。それを肝に銘じて、しつこく発信する量を増やすことからまずは始めてほしい。

さらに、求められる英語のレベルも変化している。かつて、経済成長が著しいなかで、日本の製品の国際競争力が高かった時代は、多少言葉（英語）ができなくても、日本の製品やサービスは買ってもらえた。しかし、時代は大きく変わった。これからは、現地発で仕事を創り、ユニークネスを訴求し、現地で人材を育成しながら、その人たちを巻き込んで仕事を進めていく必要がある。

現地で顧客と対話することを通して、顧客さえも気づいていないようなニーズを探し当てる。自社の価値が、他社とどう違うのかを明確にして訴求する。部下と徹底的に向き合う。

そうした場面で、複雑な物事を誤解なく、分かりやすく説明し、かつ、微妙なニュアンスを表現したり、時には感情に強く訴えかけて深い人間関係を築いたりする「英語」の能力が必須となっているのだ。過去とは比べものにならないほど、求められるレベルは高くなっている。それを、今のビジネスパーソンは駆使しなければならないのだ。

私自身は、帰国子女でもなく、英語を流暢に使いこなしているわけではない。そのため、英語できちんとしたコミュニケーションをとれるよう継続的に訓練は続けている。そのなかで特に重視しているのは次の2つだ。

「適切な言葉を選択する力」
「文法の理解」

現地で見ていると、分かりやすくきちんと話ができる人は、ある程度の語彙を持ち、それぞれの言葉がどんな場面で使われるかを知識として身に付けている。加えて、文法を適切に使いこなしている。文法の知識自体は中学や高校で学んだもので十分だが、それを使いこなすには訓練が必要だ。繰り返しとなるが、海外で求められる英語のレベルが格段に変わっていることを肝に銘じていただきたい。

そしてもう1つ、最後にぜひ伝えておきたいのは、「海外で働くとは、どういうことなのか」「どうあるべきなのか」ということだ。

海外にいると、その国のマイナスの面が目につくこともあるだろう。現地でよく目にするのは、現地の人がすぐ近くにいるにもかかわらず、その国の不便さを大っぴらに嘆いたり、現地の人に対する悪口を平気で言ったりする人がいることだ。よく考えてみてほしい。

そもそも外国で働くには、どの国においても、労働許可証や滞在許可証を取得する必要がある。これが大前提だ。この意味するところは、その国の当局から許可を得て滞在し、許可のもとで働いているということだ。社命とはいえ、自らが滞在を申請して、

「許可を得て、その国で働かせていただいている」

ことを決して忘れてはならないと思う。この大原則を自覚すれば、現地やそこに住む人たちに対して、違った面が見えてくるし、感謝の気持ちも生まれるはずだ。ひいてはそれが、自社の成長や自国の発展ばかりでなく、その国や地域社会に貢献しようという気持ちになっていく。ぜひ、この点も肝に銘じていただきたい。

地球に境界はない

これまで、「海外で働くうえで」という趣旨でいろいろと述べてきたが、根本的には、あらゆる人はつながっているのだと思っている。

これまで訪問した国の数を数えてみたら、53カ国あった。今これらの国々でのさまざまな出来事を思い返すと、これを言っては身も蓋もなくなるかもしれないが、国内、海外と区分けしたところで、しょせんは同じ地球上だし、もっと言えば、この広い宇宙で起こっていることだと感じる。我々が、宇宙のかけらの1つにすぎないと考えれば、そもそも1つのものなのだ。

ただ、日常生活で異文化を目の当たりにすると、なかなかそうは思えない。そこで1つ、私が実際にやっている方法を紹介したい。

「何も考えない」

「何も考えないで、ただ、観察するだけ」

「何も考えずに、ただひたすら見ているだけ」

何時間もただ見ていると、ある瞬間に、自分が見ているものと自分のあいだにあるものが、ふっと消え去り、一体となる感覚になる。私はこれを「宇宙と一体になる」「宇宙と言葉なき対話をする」と呼んでいる。

これを海外に応用すると、何か頭で理解しようとするのではなく、ただひたすら、その国の人々の様子や街の様子などを眺めて、一体になる感覚を持つということになる。そうすると、その国や社会の人たちが醸し出す空気が自分のものになっていく。繰り返すが、頭で理解するのではなく、ただひたすら眺めて一体になる経験をするのだ。一度、ぜひやってみてほしい。まったく違った感覚で、その地域社会に溶け込むことができるようになる。

＊

改めてこの本を書いて、私は、本当に多くの国で、多くの人との出会いのなかで仕事をし、生活をして、多くのことを学んできたことに気づかされた。最初の職場であった丸紅は、新卒の右も左も分からない私に、ビジネスのイロハから叩き込んでくれて、そして、何よりも若い私にたくさんの貴重な機会を与えてくれた。その過程で、いい上司、いい先輩に本当に恵まれたと思うし、取引先やパートナー、各国の政府官僚からも多くのことを学ばせていただいた。そして、現地で私といっしょに働いてくれた各国の現地社員のみなさんには特にお礼を言いたい。本当に親身になって、慣れない（外国人の）私を助け、支え、そして、よき友になってくれたことは私の宝だ。

グロービスに転じては、この業界ではまったくのド素人であった私に辛抱強く向き合ってくれた仲間、そして、社会の創造と変革を標榜し、人の可能性を心底信じる仲間たちとの仕事が、新たな刺激を私に与えてくれた。さらに、グロービスの仕事を通じて、大学院や研修の場で私のセッションに参加いただいた、延べ2万人にも及ぶ優秀なビジネスパーソンとの数多くの熱い議論の場があったからこそ、こういう形で私の考えや想いを本にまとめることができたと思う。

この本は、こうした多くの人々との出会いの賜物であり、今もいっしょに仕事をしているグロービスの仲間の存在があってのことだ。この本に書かれていることも、グロービスの仲間との議論から得たもの、教えてもらったことが結晶化したものだ。私の大好きなグロービスの仲間に心から感謝したい。

そして、この本に書いてきたように、エキサイティングではあるが、波乱にも満ちた人生に寄り添ってくれた家族に対しても、感謝の気持ちを表したい。日本にいれば、しなくてもすんだ苦労がたくさんあったなかで、つねに前向きな姿勢でいてくれたことに、いつも勇気づけられた。

最後に、この本のアイデア段階から、私の想いを受け止めてくれて、企画や執筆期間中を通して、つねに真摯で率直な意見や有益なフィードバックをくださった英治出版の下田理氏、安村侑希子氏からは大変多くのことを学ばせていただいた。両氏には格別の謝意を表したい。

2021年3月1日　高橋 亨

『U理論［第二版］――過去や偏見にとらわれず、本当に必要な「変化」を生み出す技術』C・オットー・シャーマー著、中土井僚、由佐美加子訳、英治出版、2017年

……自分の源泉と仕事をつなげるとはどういうことかを知る

『シンクロニシティ［増補改訂版］――未来をつくるリーダーシップ』ジョセフ・ジャオースキー著、金井壽宏監訳、野津智子訳、英治出版、2013年

……夢を実現するとはどういうことなのかのヒントを得られる本

『真説「陽明学」入門［増補改訂版］――黄金の国の人間学』林田明大著、三五館、2003年

……幕末の志士の多くが学んだと言われる東洋発の実践的哲学の真髄を学べる本

【志を持ったリーダーの人生・物語から学ぶ】

『吾人の任務――MBAに学び、MBAを創る』堀義人著、東洋経済新報社、2002年

……グロービスの創業者から志を持つことの意味を自伝的に学ぶ

『現代語訳　論語と算盤』渋沢栄一著、守屋淳訳、筑摩書房、2010年

……理念とビジネスの在り方を日本の文脈と言葉で説明した名著

『信念に生きる――ネルソン・マンデラの行動哲学』リチャード・ステンゲル著、グロービス経営大学院、田久保善彦訳、英治出版、2012年

……27年間、牢獄で過ごしたのちに南アフリカ共和国の大統領になったマンデラの行動哲学から人生を学ぶ本

『アルケミスト――夢を旅した少年』パウロ・コエーリョ著、山川紘矢、山川亜希子訳、角川文庫、1997年

……生きるとはどうあるべきかを考えるうえで、心に響くキーワードをたくさんもらえる物語

『代表的日本人』内村鑑三著、鈴木範久訳、岩波書店、1995年

……1908年に英語で日本の文化・思想を西欧社会に紹介した本。日本人の精神性の高さを学ぶ本

『武士道』新渡戸稲造著、須知徳平訳、講談社インターナショナル、1998年

……日本を代表する国際人であった新渡戸稲造が日本人の道徳心・倫理観・美学を綴った渾身の書

【組織を変える、組織文化を育む】

『創造と変革の技法――イノベーションを生み続ける５つの原則』堀義人著、東洋経済新報社、2018年

……イノベーションを生み出し、成長を続ける人や組織は何をしているのかの方法論を学べる本

『ワーク・ルールズ！――君の生き方とリーダーシップを変える』ラズロ・ボック著、鬼澤忍、矢羽野薫訳、東洋経済新報社、2015年

……グーグルを題材に、今後の人・組織の在り方、働き方を示した渾身の書

『なぜ人と組織は変われないのか――ハーバード流 自己変革の理論と実践』ロバート・キーガン、リサ・ラスコウ・レイヒー著、池村千秋訳、英治出版、2013年

……人と組織を変えるには、奥底に潜む免疫機能にアプローチすべきとする変革の書

『ビジョナリー・カンパニー２――飛躍の法則』ジム・コリンズ著、山岡洋一訳、日経BP、2001年

……偉大な組織になるための７つの法則を示したベストセラー。組織作りの要諦が並ぶ

『ウェイ・マネジメント――永続する企業になるための「企業理念」の作り方』グロービス著、湊岳執筆、東洋経済新報社、2010年

……経営理念をウェイ（行動指針）に落とし込み、組織に浸透させる方法論を示した実践の書

『企業文化のe改革――進化するネットビジネス型組織』ロザベス・モス・カンター著、櫻井祐子、内山悟志訳、翔泳社、2001年

……危機意識の醸成から始まるコッターの変革とは一線を画す、新しい変革の方法論を学べる

志を育む

【志を醸成し、磨くための方法論】

『志を育てる［増補改訂版］――リーダーとして自己を成長させ、道を切りひらくために』グロービス経営大学院、田久保善彦著、東洋経済新報社、2019年

……志というものをフレームワークと方法論で解説

『世界のエリートはなぜ「美意識」を鍛えるのか？――経営における「アート」と「サイエンス」』山口周著、光文社新書、2017年

……志を高めることの意味合いを理解するうえで参考になる本

『C.クリステンセン経営論――ハーバード・ビジネス・レビュー・アンソロジー』クレイトン M. クリステンセン著、ダイヤモンド・ハーバード・ビジネス・レビュー編集部訳、ダイヤモンド社、2013年
……破壊的イノベーションをベースとした企業が生き残るための経営論

【カネ】

『グロービスMBAアカウンティング［改訂3版］』グロービス経営大学院著、ダイヤモンド社、2008年
……マネジメントとして、アカウンティングをどうビジネスに使うのかの入門書

『［増補改訂］財務3表一体理解法』國貞克則著、朝日新書、2016年
……財務3表をどう読み解くのかを平易に解説する、とても分かりやすい良書

『英文会計の基礎知識』西山茂著、ジャパンタイムズ、2001年
……英語で財務諸表を読み解く際に、参考となる入門書

『グロービスMBAファイナンス［新版］』グロービス経営大学院著、ダイヤモンド社、2009年
……ファイナンス理論の基本を押さえる入門書

海外でリーダーシップを発揮するために

【個人の成長】

『グロービスMBAリーダーシップ［新版］』グロービス経営大学院著、ダイヤモンド社、2014年
……経営におけるリーダーシップの基本を押さえるための本

『異文化理解力――相手と自分の真意がわかる ビジネスパーソン必須の教養』エリン・メイヤー著、田岡恵監訳、樋口武志訳、英治出版、2015年
……ビジネスパーソンにとって、異文化にどう向き合うかを解説した実践的な良書

『影響力の武器［第三版］――なぜ、人は動かされるのか』ロバート・B・チャルディーニ著、社会行動研究会訳、誠信書房、2014年
……コミュニケーションの本質に立ち返って影響力の使い方を学べる本

『WHYから始めよ！――インスパイア型リーダーはここが違う』サイモン・シネック著、栗木さつき訳、日本経済新聞出版、2012年
……人はどうしたら動くのかを示したベストセラー

『イノベーション・スキルセット――世界が求めるBTC型人材とその手引き』田川欣也著、大和書房、2019年
……テクノロジーの発展に伴い求められるリーダーシップの在り方を考える本

『世界の歴史〈25〉アジアと欧米世界』加藤祐三、川北稔著、中公文庫、2010年
……アジアで、世界で活躍するビジネスパーソン必読の歴史書

『まんが現代史――アメリカが戦争をやめない理由』山井教雄著、講談社現代新書、2009年
……学校の歴史の時間にほとんどカバーされない現代史を漫画で分かりやすく学べる本

『学校が教えてくれない戦争の真実――日本は本当に「悪い国」だったのか』丸谷元人著、ハート出版、2015年
……歴史を複眼的に捉えておくべきという観点から、日本人として改めて第二次世界大戦を考える書

『【中東大混迷を解く】サイクス=ピコ協定 百年の呪縛』池内恵著、新潮選書、2016年
……中東の混乱がなぜ起こっているのかを簡潔に示している本。世界の常識をコンパクトに理解する書としておすすめ

CEO目線で事業を捉える

【経営戦略】

『グロービスMBAマネジメント・ブック［改訂3版］』グロービス経営大学院著、ダイヤモンド社、2008年
……経営用語全般、経営のフレームワークを確認するための辞書として使う

『グロービスMBA経営戦略［新版］』グロービス経営大学院著、ダイヤモンド社、2017年
……経営戦略の基本的なフレームワークを理解するための本

『ファイナンス思考――日本企業を蝕む病と、再生の戦略論』朝倉祐介著、ダイヤモンド社、2018年
……ファイナンス思考が求められる背景と課題認識を踏まえた再生の戦略論を学べる本

【ビジネスモデル】

『ビジネスモデルの教科書――経営戦略を見る目と考える力を養う』今枝昌宏著、東洋経済新報社、2014年
……ビジネスモデルとは何か、どのようなパターンがあるのかを理解するための基本書

『ザ・プロフィット――利益はどのようにして生まれるのか』エイドリアン・スライウォツキー著、中川治子著、ダイヤモンド社、2002年
……利益はどのように生まれるのかの具体例を通して、利益モデルの理解を深める

「鳥の目」を持つ

【視点の持ち方】

『ミライの授業』瀧本哲史著、講談社、2016年

……グローバルスケールで未来を創造することを、歴史上の偉人から学ぶユニークな本

『ホモ・デウス（上・下）――テクノロジーとサピエンスの未来』ユヴァル・ノア・ハラリ著、柴田裕之訳、河出書房新社、2018年

……サピエンス全史の著者が、歴史を踏まえて人類がどこへ向かうのかを描く、おすすめの未来書

『おとなの教養――私たちはどこから来て、どこへ行くのか?』池上彰著、NHK出版新書、2014年

……海外に出たときに最低限知っておかないと恥をかくであろう内容を分かりやすく説明している本

『未来をつくる資本主義［増補改訂版］――世界の難問をビジネスは解決できるか』スチュアート・L・ハート著、石原薫訳、英治出版、2012年

……貧困や環境問題など、世界規模の課題の持続可能な解決策を論じた本

【政治経済】

『市場対国家――世界を作り変える歴史的攻防〈上・下〉』ダニエル・ヤーギン、ジョゼフ・スタニスロー著、山岡洋一訳、日経ビジネス人文庫、2001年

……グローバリゼーションにおける市場と国家の役割とその変遷を理解するための良書

『国際紛争 理論と歴史［原書第10版］』ジョセフ・S・ナイ・ジュニア、デイヴィッド・A・ウェルチ著、田中明彦、村田晃嗣訳、有斐閣、2017年

……国際政治を理解するうえでの名著。世界中の多くの大学でテキストとして使用されている

『世界のエリートが学ぶ マクロ経済入門――ハーバード・ビジネス・スクール教授の実践講座』デヴィッド・モス著、久保恵美子訳、日本経済新聞出版、2016年

……経済学の基本を理解するためにまず読むべき本。専門用語を多用しない平易な説明の良書

『高校生からわかるマクロ・ミクロ経済学』菅原晃著、河出書房新社、2013年

……『世界のエリートが学ぶ マクロ経済学入門』と同様、本質を平易に説明した良書

【歴史】

『銃・病原菌・鉄――一万三〇〇〇年にわたる人類史の謎（上・下）』ジャレド・ダイアモンド著、倉骨彰訳、草思社、2013年

……歴史を紐解き、マクロの大きなトレンドの捉え方を学ぶ

●これから海外へ行く人に、おすすめの本

本書で紹介してきたスキルやリーダーシップについて、それぞれの分野をより深く学びたい方のために、おすすめの書籍を紹介する。海外で働くなかで、私が実際に活用し、他のビジネスパーソンにもすすめてきたものだ。ぜひ役立てていただきたい。

クリティカル・シンキング

【基本を理解する】

『グロービスMBAクリティカル・シンキング［改訂3版］』グロービス経営大学院著、ダイヤモンド社、2012年

……クリティカル・シンキングの基本を学ぶなら、まずこの本を

『イシューからはじめよ――知的生産の「シンプルな本質」』安宅和人著、英治出版、2010年

……クリティカル・シンキングの肝、イシューの重要性がよく分かる本

『FACTFULNESS（ファクトフルネス）――10の思い込みを乗り越え、データを基に世界を正しく見る習慣』ハンス・ロスリング、オーラ・ロスリング、アンナ・ロスリング・ロンランド著、上杉周作、関美和訳、日経BP、2019年

……思い込みの罠から逃れ、いかにデータや事実から物事を捉えるかを理解する

【理解を深め、実践で使いこなす】

『99.9％は仮説――思いこみで判断しないための考え方』竹内薫著、光文社新書、2006年

……常識だと思っていることがそうではないことを具体的な事例を通して理解できる良書

『答えのない世界を生きる』小坂井敏晶著、祥伝社、2017年

……考えるとはどういうことなのか？ 考えることにどう向き合うべきか？ のスタンスを学べる本

『ファシリテーションの教科書――組織を活性化させるコミュニケーションとリーダーシップ』グロービス著、吉田素文執筆、東洋経済新報社、2014年

……クリティカル・シンキングをベースとしたファシリテーションの指南書

◉ 執筆者

高橋 亨（Toru Takahashi）

大学卒業後、丸紅株式会社に入社。イラン、ベルギーでの計8年間の駐在を含め、一貫して海外事業に携わる。このあいだ、さまざまな海外プロジェクト、ファイナンスや投資案件の組成、取引先や投資先への経営支援、現地拠点の立ち上げなど、グローバルに展開する企業の海外事業支援を行う。

2002年から株式会社グロービスに転じて、企業研修部門にてクライアント企業の人材育成に携わる。日系企業のグローバル化に伴い、2011年にグロービス・チャイナを立ち上げ、2013～2018年はグロービス・アジアパシフィック（当時）、グロービス・タイランドを設立し、自ら現地でクライアント企業の組織変革、現地の人材育成支援に携わる。

上智大学経済学部卒、スタンフォード大学経営大学院SEP修了、ブカレスト経済大学大学院博士課程在学中。

グロービス経営大学院 専任教員、現職は、グロービス・コーポレート・エデュケーション、マネジング・ディレクター。

共著に、『グロービスMBAマネジメント・ブックII』（ダイヤモンド社）がある。

◉著者

グロービス（Globis Corporation）

1992年の設立以来、「経営に関する『ヒト』『カネ』『チエ』の生態系を創り、社会の創造と変革を行う」をビジョンに掲げ、各種事業を展開している。グロービスには以下の事業がある。

- グロービス経営大学院
  - ・日本語（東京、大阪、名古屋、仙台、福岡、オンライン）
  - ・英語（東京、オンライン）
- グロービス・マネジメント・スクール
- グロービス・コーポレート・エデュケーション
（法人向け人材育成サービス／日本・上海・シンガポール・タイ）
- グロービス・キャピタル・パートナーズ
（ベンチャーキャピタル事業）
- 「GLOBIS 学び放題」
（定額制動画学習サービス）
- グロービス出版（出版／電子出版事業）
- 「GLOBIS 知見録」「GLOBIS Insights」
（オウンドメディア・スマホアプリ）

その他の事業

・一般社団法人G1（カンファレンス運営）

・一般財団法人KIBOW
（震災復興支援活動、社会的インパクト投資）

・茨城ロボッツ・スポーツエンターテインメント（プロバスケットボールチーム運営）

●英治出版からのお知らせ

本書に関するご意見・ご感想をE-mail（editor@eijipress.co.jp）で受け付けています。
また、英治出版ではメールマガジン、Webメディア、SNSで新刊情報や書籍に関する記事、イベント情報などを配信しております。ぜひ一度、アクセスしてみてください。

メールマガジン：会員登録はホームページにて
Webメディア「英治出版オンライン」：eijionline.com
Twitter / Facebook / Instagram：eijipress

海外で
結果を出す人は、
「異文化」を言い訳にしない

発行日　2021年　3月　29日　第1版　第1刷
2023年　7月　10日　第1版　第2刷

著者　グロービス
執筆者　高橋亨（たかはし・とおる）
発行人　原田英治
発行　英治出版株式会社
〒150-0022 東京都渋谷区恵比寿南
1-9-12　ピトレスクビル4F
電話　03-5773-0193
FAX　03-5773-0194
http://www.eijipress.co.jp/

プロデューサー　下田理　安村侑希子
スタッフ　高野達成　藤竹賢一郎
山下智也　鈴木美穂
田中三枝　平野貴裕
上村悠也　桑江リリー
石﨑優木　渡邉吏佐子
中西さおり　関紀子
齋藤さくら　荒金真美
廣畑達也　木本桜子

印刷・製本　中央精版印刷株式会社
ブックデザイン　三森健太［JUNGLE］
校正　株式会社ヴェリタ
編集協力　和田文夫

ISBN978-4-86276-294-8 C0034 Printed in Japan

異文化理解力　相手と自分の真意がわかる ビジネスパーソン必須の教養

エリン・メイヤー著、田岡恵監訳、樋口武志訳　本体 1,800 円

海外で働く人、外国人と仕事をする人にとって、実は「語学」よりも「マナー」よりも大切なこと。なぜいままでのやり方が通用しない？ どうしてトラブルばかりが起きる？　これからのビジネス成功の鍵は、「異文化を理解する力」。

イシューからはじめよ　知的生産の「シンプルな本質」

安宅和人著　本体 1,800 円+税

「やるべきこと」は100分の1になる。コンサルタント、研究者、マーケター、プランナー……生み出す変化で稼ぐ、プロフェッショナルのための思考術。「脳科学×マッキンゼー×ヤフー」トリプルキャリアが生み出した究極の問題設定&解決法。

U理論［第二版］　過去や偏見にとらわれず、本当に必要な「変化」を生み出す技術

C・オットー・シャーマー著　中土井僚、由佐美加子訳　本体 3,500 円+税

未来から現実を創造せよ——。ますます複雑さを増している今日の諸問題に私たちはどう対処すべきなのか？　経営学に哲学や心理学、認知科学、東洋思想まで幅広い知見を織り込んで組織・社会の「在り方」を鋭く深く問いかける、現代マネジメント界最先鋭の「変革と学習の理論」。

シンクロニシティ［増補改訂版］　未来をつくるリーダーシップ

ジョセフ・ジャウォースキー著　金井壽宏監訳　野津智子訳　本体 1,900 円+税

ウォーターゲート事件に直面し、リーダーという存在に不信感を募らせた弁護士ジョセフ。彼は「真のリーダーとは何か」を求めて旅へ出る。哲学者、物理学者、経営者など、さまざまな先導者たちと出会いから見出した答えとは？「サーバントリーダーシップ」「ダイアローグ」……、あるべきリーダーシップの姿が浮かび上がる。

日本人が海外で最高の仕事をする方法　スキルよりも大切なもの

糸木公広著　本体 1,600 円+税

人を信じられる人が、いちばん強いのです——。20年、9カ国の海外赴任。先進国も途上国も、新ビジネスも工場閉鎖も、現場も社長も経験した著者が七転八倒のストーリーで語る、多様な世界＝これからの時代を生き抜くための「心の使い方」。

なぜ人と組織は変われないのか　ハーバード流 自己変革の理論と実践

ロバート・キーガン、リサ・ラスコウ・レイヒー著　池村千秋訳　本体 2,500 円+税

変わる必要性を認識していても85%の人が行動すら起こさない——？　「変わりたくても変われない」という心理的なジレンマの深層を掘り起こす「免疫マップ」を使った、個人と組織の変革手法をわかりやすく解説。